copyright ⓒ 2020, 전지은
이 책은 한국경제신문 한경BP가 발행한 것으로
본사의 허락 없이 이 책의 일부 또는 전체를 복사하거나
전재하는 행위를 금합니다.

어린이를 위한
하버드 상위 1퍼센트의 비밀

부정신호를 차단하고 한 가지에 몰입하는 힘

○ 전지은 글
○ 김은정 그림

한경키즈

원작자의 말

자신의 빛을 지키는 긍정신호의 힘

스탠퍼드대학교는 세계에서 공부 잘하는 학생들만 모인다는 미국의 명문 대학교입니다. 전 세계의 수재들이 모여 있는 곳이라고 해도 틀린 말이 아니죠. 그런데 이런 뛰어난 학생들의 성적을 떨어뜨리는 아주 쉬운 방법이 있다는 걸 아시나요? 교육 심리학자 클로드 스틸(Claude Steel)은 그들에게 작은 '신호'만 주면 된다고 말합니다. '너희들은 생각만큼 특별하지 않아'라는 신호를 주는 것이죠. 그 작은 신호만 주었는데, 놀랍게도 학생들의 성적은 노력과 상관없이 떨어졌습니다.

 반대의 경우는 어땠을까요? 클로드 스틸은 공부 못하는 학생들에게 '너는 잘할 수 있어'라는 신호를 보냈습니다. 그러자 이번에는 똑같은 노력을 했는데도 그들의 성적이 오르기 시작했습니다. 여기서 조심해야 할 것은 '노력'이 아니라 노력을 만드는 '신호'가 중요하다는 사실입니다. 학생들의 성적을 떨어뜨리는 데 필요했던 것은 어려운 시험 문제가 아니었습니다. 자신들보다 더 뛰어난

학생들과 경쟁시켜서 그들 스스로 '나는 안 될 거야'라고 생각하게 만드는 내면의 신호였습니다. 그 부정적인 신호가 성적을 떨어뜨리는 결정적인 역할을 한 것이죠.

부정적인 신호가 들어오면 학생들의 작업 기억력은 매우 많이 훼손됩니다. 문제를 푸는 데 써야 할 작업 기억력들이 심리적 방어기제를 만드는 데로 흘러들어 가는 것이죠. 쉽게 말해서, 1등인 학생은 1등처럼 행동하지만, 꼴찌인 학생은 절대 1등처럼 행동하지 않게 됩니다. 집중력이 부족해 보이고 끈기가 없어 보이는 아이가 있다고 해 볼까요? 그건 그 아이가 정말 그렇게 태어났거나 능력이 그것밖에 안 돼서가 아니라, 그동안 아이를 위한 긍정적인 신호가 없었기 때문입니다. 이런 문제를 해결하려면 어떻게 해야 할까요? 바로 나쁜 신호를 스스로 '차단'하는 것입니다. 하버드대학교 연구원 앤 크리스틴 포스텐(Ann-Christin Posten)은 학생들 스스로 자기 안에 들어와 있는 부정적인 신호를 냉정하게 재평가

해 보는 것이 좋다고 말합니다. 신호는 우리가 하루를 시작하는 모든 공간, 모든 사람에게서 다양한 형태로 흘러들어 옵니다. 그중에서 내 안에 쌓인 잘못된 신호를 찾아 곰곰이 생각하고 다시 평가하는 것만으로도 긍정적이고 새로운 신호를 만드는 결정적인 힘이 생긴다고 합니다.

한 학생이 '나는 공부를 못한다'라고 말할 때, 그 감정에는 잘못된 신호들이 얼마나 많이 쌓여 있었던 걸까요? 자신이 왜 이런 감정을 가지는지 잠시 멈춰서 그 뿌리를 발견하고, 매일매일 경험하는 부정적인 신호를 내 안에서 차단하는 습관을 가져야 합니다. 이것이 자신의 힘을 발견하는 가장 소중한 힘입니다.

주변의 시선에 예민해지고 자신의 재능을 남과 비교하기 시작하는 사춘기 무렵은 가장 혼란스러운 시기입니다. 하지만 가장 보석 같은 시간이기도 하죠. 이 시기를 지나고 있는 우리 어린이들에게 자신의 빛을 지키는 법을 전할 수 있어 매우 기쁩니다. 저는

10여 년의 집필 기간 중에서 이 책을 쓰는 순간에 가장 밝은 빛을 찾았습니다. 그 힘 그대로 우리 어린이들에게 전달되었으면 합니다. 우리 어린이들이 주변의 시선이 아닌 자신의 시선을 갖고, 자신의 보석도 분명 빛날 수 있음을 발견하는 새로운 신호를 발견하길 진심으로 응원합니다.

정주영 《하버드 상위 1퍼센트의 비밀》 저자

**어린이를 위한
하버드 상위 1퍼센트의 비밀**

원작자의 말　004

1　최악의 최악의 새 학기　010

2　어려운 질문 앞에서 고민 또 고민　032

3　도전할 것인가 도전하지 않을 것인가　052

4　도전의 첫 번째 난관　068

5　부정신호 차단하기　086

차례

6 어렵게 내딛은 첫발 **112**

7 마침내 마침표 **132**

8 도전은 끝나지 않아 **150**

9 최선을 다했다면 그것으로 오케이! **168**

최악의 최악의 새 학기

1

"아, 짜증나! 전부 엉망이야!"

학교에서 돌아온 서윤이가 침대 위로 가방을 집어던지며 신경질적으로 소리쳤다. 그러고는 침대에 앉아 두 손으로 머리카락을 흐트러뜨리다 벌렁 드러누웠다. 대체 어디서부터 잘못된 걸까? 서윤이는 오늘 있었던 일을 하나씩 되짚어 보았다.

오늘은 6학년이 된 첫날이었다. 6학년이나 되었으니 새 학기 첫날의 두근거림 같은 건 별로 없었지만, 그래도 새 교실로 들어가는 순간만큼은 약간 설레기도 했다. 그런데 교실에 들어서자마자 서윤이의 마음은 순식간에 바람 빠진 풍선마냥 쪼그라들고 말았다. 교실에서 가장 처음 마주친 얼굴이 바로 우혜나였기 때문이다. 아, 하필 혜나라니….

혜나와는 4학년 때 같은 반이었다. 그리고 잠깐이긴 했지만 제법 친했던 적도 있었다. 같은 학원에 다니며 서로 집에도 놀러 가고, 숙제도 같이 하고…. 그랬던 둘의 사이가 지금처럼 멀어진 건

011

4학년 2학기 수학 시간에 벌어진 사소한 일 때문이었다.

혜나는 수학을 아주 좋아하고, 또 잘했다. 반면 서윤이는 수학을 좋아하지도 않고 잘하지도 못했다. 그래서 숙제를 하거나 학원에서 문제를 풀 때면 늘 혜나의 도움을 받았다.

그런데 그날은 서윤이에게 정말 이상한 날이었다. 선생님 말씀이 귀에 쏙쏙 들어오더니 아이들을 향해 던지는 질문마다 정답이 뽕뽕 떠오르는 것이었다. 그렇게 몇 번 선생님의 질문에 대답하며 기분이 좋아진 서윤이는 스스로를 뿌듯해하느라 혜나가 단 한 번도 대답하지 않았다는 사실을 눈치 채지 못했다.

수업을 마치고 함께 집으로 가는 길, 혜나는 다른 날과 달리 얼굴이 잔뜩 굳어 있었고 서윤이에게 한마디도 하지 않았다. 집에 도착할 때가 되어서야 뭔가 이상함을 느낀 서윤이가 혜나에게 왜 화가 났느냐고 물어보았고, 그때 혜나가 했던 말을 서윤이는 지금도 잊을 수가 없다.

"야, 너 수학 시간에 대답하면서 엄청 신났더라. 막 피식피식 웃으면서…. 너 진짜 어이없어. 공부도 나보다 못하면서…."

그렇게 뾰족한 말을 던진 혜나는 고개를 홱 돌려 집을 향해 씩씩대며 걸어갔다. 그때, 혜나의 뒷모습을 멍하니 바라보던 서윤이

의 눈에서 자꾸 눈물이 흘렀다. 놀라기도 하고, 억울하기도 하고, 속상하기도 하고, 짜증도 나고, 하여튼 마음속에서 뭔가가 잔뜩 뒤엉켜 움켁울컥 치밀어 올랐다.

그때부터였다. 혜나는 서윤이와 마주칠 때마다 말없이 노려보거나 인상을 찌푸렸고, 서윤이는 그런 혜나의 눈을 피해 고개를 돌리곤 했다. 매일 만나야 하는 어쩔 수 없는 상황이 서윤이에게는 더할 수 없는 가시방석이었고, 하루하루가 깨진 유리 조각 위를 걸어가는 것 같았다. 그런 혜나를 같은 반으로 다시 만나다니…. 정말이지 이보다 더 최악은 없다고 생각했다. 그때였다.

다다다다다다다다

누군가의 거친 발소리가 복도에 울려 퍼졌다. 그 소리는 교실 뒷문에서 멈추는가 싶더니 이내 쩌렁쩌렁한 목소리가 되어 들려왔다.

"서윤아! 황서윤!"

교실이 떠나갈 듯한 목소리의 주인공은 현이었다. 현이는 4학년 때부터 동영상 동아리 활동을 함께하는, 서윤이와 가장 친한 친구다.

"야, 너 그거 알았어?"

현이는 서윤이의 옆으로 미끄러지듯 달려오더니 토끼 눈을 뜨고 물었다.

"뭘?"

"이소영 쌤, 이제 우리 학교 안 나오신대."

"뭐? 왜?"

서윤이는 화들짝 놀라 외치듯 물었다.

"다른 학교 가셨대."

"갑자기?"

"그런 것 같아. 근데, 그럼 이제 우리 동아리 선생님 바뀌는 거야?"

혜나와의 사이가 엉망이 된 뒤, 학교에서 서윤이의 유일한 안식처는 동아리였다. 그리고 아이들의 말이라면 뭐든 척척 들어주시는 동아리 선생님은 서윤이에게 천사와 같은 존재였다. 그런 선생님을 이제 만날 수 없다니…. 생각지도 못한 소식에 서윤이의 마음속에서 뭔가가 쿵쾅대며 무너져 내리는 것 같았다.

"근데 너 혜나하고 같은 반이었어?"

교실을 한번 둘러보던 현이가 서윤이의 귀에 대고 속삭였다. 하지만 지금 서윤이는 현이의 말에 대꾸할 기운도 나지 않았다.

"끝나고 집에 같이 가자. 나 갈게."

현이는 서윤이의 어깨를 토닥여 준 뒤 교실을 빠져나갔다.

잠시 뒤, 새로운 담임 선생님이 들어와 인사를 건넸고, 새 학년 첫날이면 늘 그렇듯 아이들은 쭈뼛거리며 자기소개를 했다. 소개가 끝나고 난 뒤 선생님은 올 한 해 즐겁고 신나게 잘 지내보자고 활기차게 말씀하셨지만, 서윤이의 귀에는 아무 말도 들려오지 않았다.

수업이 끝난 뒤, 서윤이는 터덜터덜 1층으로 내려와 현관에서 실내화를 갈아 신었다. 그때 누군가가 서윤이의 옷깃을 잡아끌었다. 현이었다.

"너 왜 먼저 가? 내가 같이 가자고 했잖아."

"그랬어?"

"뭐야, 내 말 안 들은 거야?"

"아, 미안. 내가 오늘 정신이 좀 없어서…."

"근데 너 반 편성표 안 봤어? 혜나가 같은 반이라는 거 오늘 안 거야?"

현이가 신발주머니에서 운동화를 꺼내며 물었다. 서윤이는 말 없이 고개를 끄덕였다.

"진짜 기분 엉망이겠다. 오늘은 별일 없었어? 걔가 뭐라고 하지 않아?"

"몰라. 얼굴도 안 봤어."

"하긴…. 근데 서윤아, 동아리 선생님 누가 될 것 같아?"

"아, 모르겠어."

서윤이가 인상을 잔뜩 찌푸렸다.

"허동준 쌤이 됐으면 좋겠다. 잘생기셨잖아."

현이는 쉴 새 없이 떠들었고, 서윤이는 짧은 대답만 겨우겨우 이어갔다. 그렇게 걷는 사이 둘은 서윤이의 집 앞에 도착했다. 현이는 서윤이의 어깨를 두 손으로 붙잡고 말했다.

"서윤아, 너 지금 엄청 걱정하고 있는 거 다 알아. 그래도 힘내. 어떤 일이 있어도 내가 네 옆에 꼭 같이 있어 줄게. 알았지?"

서윤이의 반응이 시원치 않은 것을 알면서도 현이가 왜 계속 수다를 떠는지 서윤이는 알고 있었다. 현이는 무겁고 어두운 분위기를 잠시도 못 견디는 아이였다. 그러니 서윤이가 그늘진 얼굴로 터덜터덜 힘없이 걷고 있는 이 상황도 분명 견딜 수 없었을 것이다. 그리고 따뜻한 위로의 말이 아닌 평상시와 똑같은 수다와 장난으로 친구의 기분을 풀어 주는 것도 현이만의 방식이었다. 서윤

이는 종종 현이의 이런 눈치 없는 수다에 위로받곤 했다.

서윤이는 어깨를 잡고 있는 현이를 향해 힘없이 웃었다. 현이는 힘껏 손을 흔들고 나서 뒤돌아 걸어갔다. 그러니까 지금까지의 일이 아침부터 집에 오기 직전까지 일어난 일들이다.

집에 돌아와 맘껏 소리를 지르며 화를 낸 서윤이는 침대에 누운 채 눈을 감았다.

'아, 어떡하지? 1년 동안 혜나랑 같은 반에서 어떻게 지내지? 동아리는? 선생님은 왜 갑자기 다른 학교로 가신 걸까?'

머릿속에서 자꾸만 새로운 물음표들이 퐁퐁 솟아올랐다. 그렇지만 그 질문에 맞는 답은 하나도 떠오르지 않았다. 정말이지 최악의 최악의 최악인 날이었다.

며칠이 지났다. 아침 일찍 학교에 간 서윤이는 자리에 앉아 책을 펼쳤다. 서윤이는 교실에 아이들이 몇 명 없는 아침 시간, 의자에 앉아 책 읽는 걸 정말 좋아했다.

잠시 뒤, 시끌벅적한 소리가 들리더니 혜나와 혜나 친구들이 교

실로 들어왔다. 그 아이들이 서윤이의 책상 옆을 막 지나쳐 갈 때였다. 요란한 소리와 함께 서윤이의 필통이 바닥으로 굴러떨어졌다. 서윤이는 다급히 바닥을 살펴보았다. 다른 건 걱정되지 않았다. 필통이 산산조각 나도 괜찮았고, 형광펜과 샤프가 고장 나도 상관없었다. 서윤이는 필통 안에 손톱만 한 고양이 장식품을 늘 넣고 다녔는데, 그게 없어지거나 깨졌을까 봐, 딱 그거 하나만 걱정되었다. 그 장식품은 서윤이에게 애착인형과도 같아서 늘 함께 있어야 마음이 편해지는 물건이었다.

한참을 허둥대며 바닥을 살펴보고 있을 때였다. 함께 물건을 정리해 주던 옆자리 유진이가 뭔가를 주워 들며 서윤이에게 물었다.

"이것도 네 거야?"

유진이가 건넨 것은 바로 고양이 장식품이었다. 그런데 아무리 살펴봐도 고양이의 한쪽 귀가 보이지 않았다. 바닥에 떨어지면서 깨진 것이 분명했다. 서윤이는 필통을 떨어뜨린 하영이를 노려보았다.

"미안해."

입으로는 그렇게 말하고 있었지만 하영이의 표정은 전혀 미안해 보이지 않았다. 오히려 짜증 난다는 듯 입을 삐죽이기까지 했다.

"찾아 줘."

서윤이가 입술을 바르르 떨며 말했다.

"뭐?"

하영이는 어이가 없다는 듯 되받았다. 서윤이는 고양이 장식품을 내밀어 보이며 말했다.

"이 고양이 귀 찾아 달라고…."

"야, 그걸 어떻게 찾아? 보이지도 않겠다."

하영이가 눈을 내리깔며 말할 때였다.

"야, 됐어. 그냥 가."

혜나가 하영이의 팔을 잡아끌며 말했다.

"아니, 난 내가 떨어뜨렸으니까 미안하다고 했는데…."

하영이가 뭔가 억울한 듯 징징대자 혜나는 서윤이를 똑바로 노려보며 말했다.

"맞아. 넌 사과했으니까 잘못한 거 없어. 사과를 안 받아 주는 애가 잘못한 거지."

혜나는 하영이의 팔을 더욱 세게 잡아당겼다. 하영이는 서윤이

021

를 한 번 노려보더니 자기 자리로 돌아가 앉았다.

그러는 사이 교실에 있던 모든 아이들의 시선이 서윤이에게 향했다. 새로운 반 아이들에게 이런 모습은 정말 보이고 싶지 않았는데…. 아무 말 못하고 바들바들 떨고 있는 자신의 모습이 정말 바보처럼 느껴졌다. 그렇지만 지금은 그게 문제가 아니라, 얼른 고양이 귀부터 찾아야 했다. 서윤이는 책상과 의자를 번쩍번쩍 들어 올리며 교실 바닥을 샅샅이 살펴보았다. 그러다 결국 수업 시작 시간에 닥쳐서야 겨우 지우개 가루 속에 섞여 있는 고양이 귀를 찾을 수 있었다.

수업이 끝난 뒤 서윤이는 현이와 함께 학원으로 가며 아침에 일어났던 일을 이야기했다.

"아, 뭐 그런 애가 다 있어? 내가 거기 있었으면 가만 안 뒀을 텐데…. 그럴 땐 날 불러야지."

현이는 서윤이보다 더 흥분하며 꽥꽥 소리를 질러댔다.

"하아, 스트레스 받아. 어떻게 해야 기분이 좋아지지?"

서윤이의 말에 현이가 휴대전화를 내밀며 말했다.

"그럴 땐 오빠들 영상을 보면 돼. 정말이야!"

현이가 말하는 오빠들이란 아이돌 가수들이었다. 현이는 아이

돌 가수들을 정말 좋아했다. 특정 가수만 좋아하는 게 아니라, 멋있는 퍼포먼스를 하는 모든 아이돌 가수를 좋아했다. 서윤이가 틈만 나면 책을 읽듯, 현이는 틈날 때마다 아이돌 가수들의 영상을 찾아보았고, 그러다가 영상편집자가 되겠다는 꿈까지 꾸게 되었다.

"야, 그런데 정말 동아리 선생님으로 누가 오실까?"

"갑자기 동아리?"

현이가 눈썹을 찡긋거렸다.

"아니, 네가 영상 이야기하니까 갑자기 동아리 생각이 나잖아."

"난 진심으로 허동준 쌤이 오셨으면 좋겠어. 아이돌처럼 생기셨잖아."

현이의 말에 서윤이는 고개를 절레절레 저었다.

"난 여자 선생님이었으면 좋겠어. 이소영 쌤처럼 착한 선생님."

"맞아. 정말 착하셨어…. 근데 우리 내일부터 동아리 시작이지?"

서윤이는 고개를 끄덕였다.

"헤헤, 이제 드디어 시작이구나. 신난다!"

현이는 펄쩍 뛰어오르며 외쳤다. 서윤이는 그런 현이를 보며 웃

음을 터뜨렸다. 사실 서윤이도 선생님이 바뀐다니 걱정이 되기는 했지만, 작년처럼 재미있게 동아리 활동을 할 생각을 하니 가슴이 두근거렸다.

다음 날, 수업이 끝나자마자 서윤이와 현이는 동아리실로 올라갔다.

"네가 열어."

"싫어. 네가 열어."

동아리실 문 앞에서 서윤이와 현이가 쭈뼛거리며 서로 등을 떠밀었다. 그때였다. 갑자기 문이 벌컥 열리며 처음 보는 선생님이 얼굴을 내밀었다.

"뭘 그렇게 소곤거리고 있어? 얼른 들어와."

서윤이와 현이는 동아리실로 들어가 자리에 앉았다. 조금 있으니 다른 아이들도 하나둘 동아리실로 들어와 자리에 앉았다.

"여섯 명, 다 온 거지?"

"네."

"자, 그럼 일단 내 소개부터 할게. 난 강세준이라고 하고, 올해 처음 이 학교에 왔어. 그리고 동시에 동영상 동아리반을 담당하게 됐어. 모두 반갑다."

선생님은 환하게 웃었지만 아이들은 어색한지 아무 대답도 하지 못했다.

"자, 그럼 오늘은 첫날이니까 인사부터 하자. 아직 너희들이 여기에서 어떤 활동을 해 왔는지, 어떤 역할을 맡고 있는지 완전히 파악하지 못했거든. 누구부터 할까?"

맨 앞에 앉아 있던 연우가 손을 들고 말했다.

"저는 6학년 2반 하연우고요, 소품 담당이에요. 소품 준비도 하고 기록도 하고요."

연우가 말을 마치자 옆자리에 앉아 있던 민재가 말했다.

"저는 6학년 1반 서민재고, 촬영 담당이에요."

"저는 6학년 2반 안치훈이고, 저도 민재랑 같이 촬영 담당이에요."

"저는 6학년 5반 이현이고요, 편집 담당이에요. 뭐, 우리 동아리의 에이스라고 할 수 있죠."

현이가 눈을 찡긋거리며 말하고 나니 서윤이의 순서였다.

"저는 6학년 3반 황서윤이고, 작가예요. 시나리오랑 콘티를 쓰고 자막도 써요."

"저는 6학년 5반 유민영이고, 연우랑 같이 소품 담당이에요. 가끔 연기도 해요."

아이들이 소개를 할 때마다 선생님은 동아리 파일에 뭔가 메모를 하며 주의 깊게 아이들의 이야기를 들었다.

"아, 역할이 아주 확실하게 잘 나뉘어 있네? 그럼 주 활동은 역시 영상을 찍는 거겠지?"

선생님의 질문에 치훈이가 대답했다.

"네. 학교 행사 때 영상 찍어서 홈페이지에 올리기도 하고, 공모전 나갈 영상도 찍고 그랬어요."

"아, 공모전…."

선생님은 뭔가를 생각하는 것처럼 고개를 끄덕이더니 이내 말을 이었다.

"공모전에는 많이 나갔어?"

"작년에는 네 번 나갔어요."

현이가 대답했다.

"그렇구나. 난 공모전 생각은 안 해 봤는데…."

"네? 그럼 우리 공모전 안 나가요?"

선생님 말씀에 현이가 화들짝 놀라며 물었다. 선생님은 잠깐 생각하다가 차분한 목소리로 말했다.

"아, 그건 좀 차근차근 생각해 보자. 너희들 공모전 말고 혹시 해 보고 싶은 다른 건 없어? 배워 보고 싶은 거라든지…."

아이들은 서로 얼굴만 멀뚱멀뚱 쳐다보며 아무 말도 하지 못했다. 그럴 수밖에 없었다. 지금까지 동아리 활동은 공모전 준비가 전부였는데, 공모전이 아닌 다른 이야기를 하라니….

선생님은 아이들을 휘 둘러본 뒤 말문을 열었다.

"좋아. 오늘은 첫날이니 서로 인사하는 정도로 마무리하고, 다음 시간부터 본격적으로 영상에 대해 이야기해 보자. 다음 주에는 너희들이 어떤 영상을 만들고 싶은지 이야기해 봤으면 좋겠어. 그러니까 각자 만들고 싶은 영상의 주제를 한번 생각해 보는 거지. 어때?"

"주제를 생각해 본다고요?"

치훈이가 고개를 갸웃거리며 물었다.

"응. 너희들도 만들고 싶은 영상이 있을 거 아니야?"

"저희는 공모전에서 정해진 주제로만 만들어서…."

치훈이가 멋쩍게 웃으며 말했다.

"그래?"

선생님은 잠깐 생각하더니 다시 말을 이었다.

"그럼 이번 기회에 해 보면 되겠네. 내가 기획, 촬영, 편집, 모든 걸 다 할 수 있다면 이런 영상을 만들어 보고 싶다, 이런 거 말야. 재미있을 것 같지 않아?"

아이들은 썩 달갑지 않은 표정이었다.

"그럼 우리 다음 주에 보자!"

아이들은 선생님에게 인사를 하고 동아리실을 나왔다.

"현아, 새로 오신 선생님 어때?"

동아리실을 나서자마자 서윤이가 현이에게 물었다.

"아직은 잘 모르겠는데, 공모전에 대해 잘 모르시는 건 확실한 것 같아."

"맞아. 나도 그렇게 생각했어. 좀 있으면 여기저기서 공모전 시작할 텐데, 휴우…."

서윤이가 긴 한숨을 내쉬었다.

"우리가 얘기했으니까 선생님도 생각해 보시겠지. 야, 설마 우리가 공모전 한 번 못 나가고 졸업하겠냐? 걱정 마."

현이가 큰 목소리로 시원스럽게 말했지만, 서윤이의 마음은 영 찜찜하기만 했다.

그리고 그 찜찜함은 서서히 현실로 나타났다. 동아리 활동을 시작한 지 한 달이 다 되어 가는데도 선생님은 공모전의 '공' 자도 꺼내지 않았고 영상을 찍자는 말도 하지 않았다. 그저 아이들에게 어떤 영상을 만들고 싶은지, 이유는 무엇인지 물어보거나 선생님이 준비해 온 영상을 보여 주고 나서 감상을 물어볼 뿐이었다.

"아, 이건 아닌 것 같아."

동아리 활동을 마치고 집에 가는 길, 지금까지 분명 선생님에게 깊은 뜻이 있을 거라고 희망을 품어 오던 현이가 결국은 긴 한숨과 함께 걱정 가득한 얼굴로 말했다.

"그렇지? 이러다 우리 정말 공모전 한 번 못 나가 보고….”

"아, 아냐. 그런 말은 하지 마."

현이가 눈을 질끈 감으며 고개를 크게 저었다. 그러고는 이를 앙다물며 말했다.

"뭔가 방법이 필요해."

"현아, 우리 그냥 가 보자."

서윤이 역시 뭔가 다짐이라도 한 듯 현이의 얼굴을 똑바로 바라보며 말했다.

"간다고? 어딜?"

"선생님한테…. 공모전 나가게 해 달라고 졸라 보자. 나 진짜 빨리 공모전에 나가고 싶어."

"나도. 상도 받고 싶어."

현이는 비장한 표정으로 다짐하듯 서윤이를 바라보았다.

집으로 온 서윤이는 곧장 컴퓨터를 켜고 공모전 정보를 찾기 시작했다. 한참 화면을 내리다 보니 눈에 익은 공모전 안내문이

보였다. 동아리 아이들이 작년 이맘때 나갔던 공모전이었는데, 그때 서윤이네 동아리는 장려상을 받았고, 그 상은 동아리 활동을 하며 제일 처음 받은 상이었다. 비록 큰 공모전도, 큰 상도 아니었지만 서윤이는 그날의 감격을 잊을 수가 없었다. 서윤이는 재빨리 메신저로 현이에게 공모전 정보를 보냈다.

'오케이! 내일 선생님한테 가 보자. 파이팅!'

'응, 파이팅!'

보는 사람도 없는데 서윤이는 싱긋 웃으며 주먹을 꼭 쥐어 보았다.

어려운 질문 앞에서 고민 또 고민

2

다음 날, 서윤이와 현이는 수업이 끝나기 무섭게 교무실로 갔다. 그렇지만 교무실에서 선생님의 얼굴은 보이지 않았다.

"으응? 어디 가셨나?"

현이가 고개를 쭉 빼고 교무실을 둘러보고 있을 때였다.

"서윤아, 뭐해? 혹시 나 보러 왔니?"

5학년 때 담임 선생님이 교무실로 들어가려다 말고 물었다.

"하하, 아뇨. 혹시 강세준 선생님 안 계세요?"

"흠, 아니라니 서운하군. 강세준 선생님이라…."

선생님도 교무실을 한 바퀴 둘러보고 난 뒤 말했다.

"아마 동아리실에 계시나 본데? 요즘은 주로 거기에 계시거든."

"네. 감사합니다."

서윤이와 현이는 꾸벅 인사를 하고 동아리실로 올라갔다. 그리고 조금은 떨리는 마음으로 문을 두드렸다.

"어? 어쩐 일이야?"

컴퓨터로 뭔가를 보고 있던 선생님이 아이들을 보며 환히 웃었다.

"저기… 드릴 말씀이 있어서요."

현이가 쭈뼛거리며 말하자, 선생님이 와서 앉으라며 손짓을 했다. 아이들은 의자에 앉아 잠시 머뭇거리다 말을 꺼냈다.

"선생님, 저희 공모전에 나가고 싶어서 좀 알아봤는데요…."

선생님은 진지하게 서윤이의 이야기를 들어주었다.

"저희가 작년에 나갔던 공모전인데, 그때 장려상을 받았어요. 이 공모전에 꼭 다시 나가서 또 상을 받고 싶어요."

선생님은 서윤이가 내민, 공모전 정보가 나와 있는 휴대전화 화면을 유심히 쳐다보았다. 그리고 한참 뒤 말문을 열었다.

"흠…. 어떤 영상을 가지고 이 공모전에 나갈 거야?"

서윤이는 잠깐 생각하다가 이내 대답했다.

"이건 우리 지역을 홍보하는 거니까, 좀 유명한 곳? 그러니까 사람들이 많이 모이는 장소를 골라서 찍은 다음에 신나는 배경음악 넣고, 화면을 좀 많이 움직여서 밝은 느낌으로 만들면 돼요."

"아, 그러면 되는 거야?"

"네, 작년에도 그렇게 했어요. 지금은 작년보다 더 멋지게 만들

수 있어요. 아마 작년보다 더 큰 상도 받을 수 있을 거예요."

현이가 신이 난 듯 말했다.

선생님은 다시 한 번 공모전 정보를 보더니 휴대전화를 서윤이에게 돌려주었다.

"음, 잘 알겠어. 우리 생각 좀 해 본 다음에 다시 이야기하자, 응?"

아이들은 인사를 하고 동아리실을 나왔다.

"하아, 선생님 표정이 별로 좋지 않으신 것 같아."

서윤이가 한숨을 내쉬며 말했다.

"생각해 보자고 하셨잖아. 조금만 기다려 보자."

현이는 서윤이의 등을 토닥이며 말했지만, 늘 크고 당당하던 목소리는 누가 들어도 한풀 꺾여 있었다.

'서윤, 현, 내일 수업 마치고 동아리실에서 잠깐 보자.'

저녁 식사를 마치고, 침대에 눕다시피 기대앉아 동영상을 보고 있을 때, 강세준 선생님으로부터 메시지가 왔다. 서윤이는 저도 모르게 벌떡 일어나 앉았다. 그때 또 하나의 메시지가 도착했다.

'꺄악! 선생님 문자 받았지? 나 내일 끝나고 청소하니까 조금만 기다렸다가 꼭 같이 가.'

현이었다.

'응, 알았어.'

짧게 답을 남겼지만, 사실 서윤이는 지금 하고 싶은 말이 너무 많았다. 내일 선생님이 무슨 말씀을 할지, 공모전에 나갈 수 있을지, 만약 선생님이 공모전에 나가지 말자고 하면 뭐라고 말해야 할지…. 당장이라도 현이에게 전화해 수다를 떨고 싶었지만, 꾹 참고 침대에 다시 누웠다. 그리고 설레면서도 걱정되는, 알 수 없는 기분을 가라앉히려 애쓰며 영상을 보았다.

다음 날 수업이 끝난 뒤, 서윤이는 현이가 청소를 마칠 때까지 기다렸다가 함께 동아리실로 갔다. 선생님은 서윤이와 현이에게 음료수를 하나씩 건네며 자리에 앉으라고 했다.

"너희들이 말했던 공모전은 나도 따로 찾아봤어. 작년에 너희들이 응모했던 영상도 다 봤고…."

서윤이와 현이는 침을 꿀꺽 삼키며 선생님 말씀에 집중했다.

"그런데 이번 공모전은 나가지 말고 다음에 나가면 어떨까?"

순간 서윤이의 입에서는 한숨이 나왔고, 현이는 고개를 숙였다.

"선생님도 너희들이 얼마나 공모전에 나가고 싶어 하는지 잘 알아. 그런데 선생님은 이번 공모전 말고 더 좋은 기회가 또 있을 것 같거든. 선생님도 열심히 공모전 정보들을 찾아보는 중이니까

조금만 기다려 줬으면 좋겠어. 더 좋은 공모전이 나타나면 그땐 너희들이 말하지 않아도 선생님이 먼저 이야기해 줄게. 그동안 우린 차근차근 준비해 보자, 응?"

선생님은 낮은 목소리로 그 어떤 때보다 진지하게 말했다.

"네."

서윤이와 현이는 기운 빠진 목소리로 대답하고 동아리실을 나왔다.

집으로 가는 길, 늘 걷던 길의 깨진 보도블록도, 전봇대에 매달린 찢어진 현수막도 괜히 눈에 거슬리고 짜증이 났다.

"휴우…."

"하아…."

걷는 내내 서윤이와 현이가 나눈 대화라고는 한숨을 주고받는 것이 전부였다. 그러다 현이가 빠른 걸음으로 길가 공원 벤치로 다가가 털썩 주저앉았다.

"힘없어서 걷지도 못하겠어."

서윤이도 현이의 옆에 앉았다.

"아니, 뭐가 문제야? 우리가 열심히 찍어서 공모전 나가서 상도 받겠다는데, 대체 왜 안 된다는 거야? 난 정말 이제는 영상도 찍

고 싶고, 편집도 하고 싶고, 상도 받고 싶단 말이야."

현이가 숨을 한 번 몰아쉬더니 불만을 토해 냈다.

"나도 진짜 답답해. 대체 뭘 어떻게 언제까지 준비하자고 그러시는 거야? 난 이제 '어떤 영상을 만들고 싶어?' 이 말만 들으면 멀미가 날 것 같아."

서윤이 역시 잔뜩 화가 나서 말했다.

"아, 이소영 쌤 보고 싶다. 소영 쌤이었으면 분명히 나가라고 하셨을 텐데…."

"맞아."

서윤이와 현이는 나란히 허공을 바라보며 말했다.

"우리 이소영 쌤한테 연락해서 공모전 지도 선생님 해 달라고 말해 볼까?"

현이가 고개를 삐죽 내밀어 서윤이를 바라보며 물었다.

"그게 말이 된다고 생각해?"

"아니."

서윤이와 현이는 동시에 한숨을 내쉬었다.

"가자. 이럴 땐 집에 가서 오빠들 영상 보는 게 최고야."

현이가 먼저 자리에서 일어섰다. 서윤이도 현이를 따라 일어섰

지만, 여전히 기운도 나지 않고 기분도 좋지 않았다. 그리고 지금 이 기분은 쉽게 좋아질 것 같지도 않았다.

며칠 뒤, 수업을 마친 서윤이와 현이는 동아리실로 향했다. 며칠이나 지났으니 괜찮아질 법도 했지만, 공모전 이야기를 꺼낸 뒤 첫 동아리 활동이라 그런지 둘 다 계단을 오르는 걸음에 힘이 없었다.

동아리실로 들어가니 스크린이 펼쳐져 있고, 선생님은 컴퓨터로 뭔가를 하고 있었다. 아마도 선생님이 준비한 영상을 보고 이야기를 할 모양이었다. 아이들이 모두 모인 뒤, 선생님은 준비했던 영상을 틀었다. 한 남자 중학생이 많은 관중 앞에서 학원에 다니지 않는 자신의 이야기로 강연을 하는 내용이었다. 그 아이는 그런 자신을 향한 다른 사람들의 시선, 마지막으로 자신의 소신과 자신을 바라보는 사람들에게 바라는 점에 대해 이야기했다.

영상은 공감도 가고 꽤 재미있었지만, 보는 내내 서윤이의 머릿속에는 한 가지 생각밖에 나지 않았다.

'이걸 보고 나서 선생님이 어땠냐고 물어보시면 뭐라고 대답해야 하지?'

아니나 다를까. 영상이 끝나자마자 선생님은 아이들에게 물었다.

"어땠어?"

아이들은 무슨 말부터 해야 할지 생각하느라 눈동자만 데굴데굴 굴리고 있었다.

"저는…."

민영이가 손을 들고 말하려 하자, 선생님은 손바닥을 보이며 제지했다.

"잠깐, 오늘은 선생님한테 말하지 말고 너희들끼리 얘기해 봐. 선생님은 없다고 생각하고."

선생님 말씀에 아이들은 서로를 쳐다보았다. 웃음이 날 것 같기도 하고 어색하기도 했다. 선생님은 아무 말 없이 한쪽 구석으로 의자를 끌고 가 앉았다.

"나는 영상이 좀 심심했어. 카메라 움직임도 별로 없고…."

치훈이가 머뭇거리다 말문을 열었다.

"나도 비슷하게 생각했어. 편집할 때 효과를 좀 더 넣으면 더 재미있었을 것 같아."

현이가 맞장구를 치자 연우가 고개를 갸웃거리며 말했다.

"이건 강연 영상이잖아. 말하는 사람에게 집중하라고 그렇게 편집한 거 아냐? 난 오히려 영상 중간에 관중들 표정이 너무 자주 나오는 것 같았어."

"맞아. 비슷비슷한 얼굴이 너무 반복해서 나오는 것 같던데?"

이번에는 민영이었다.

"그러면 영상 내내 강연하는 사람 얼굴만 보여 준다고? 그건 진짜 이상하지 않아? 너무 재미없잖아."

현이가 약간 발끈하며 말했다.

"아니, 얼굴만 보여 준다는 게 아니라, 이건 강연이니까 말하는 사람에게 화면이 집중돼야 하는 건 맞잖아. 강연 내용이 재미있으니까 난 상관없을 것 같아."

연우도 목소리를 높여 말했다. 그때 서윤이가 살짝 손을 들며 말했다.

"난 재미있는 화면을 만드는 데 자막도 중요하다고 생각하거든. 그런데 이 영상에서는 자막이 많지도 않고, 그냥 중요한 내용만 나오는 정도였던 것 같아. 자막을 좀 더 재미있게 쓰면 더 좋았을 것 같아."

"맞아. 자막이나 그래픽 같은 건 좀 더 들어가도 재미있었을 거야."

민영이가 맞장구를 쳤다.

시간이 갈수록 아이들은 점점 더 많은 의견을 내며 활발하게

이야기를 이어갔다. 그렇게 얼마나 이야기했을까? 선생님이 자리에서 일어나더니 아이들 앞에 섰다.

"너희들, 선생님 없으니까 더 신나고 재미있게 이야기 잘하네."

아이들은 머쓱하게 웃으며 선생님을 바라보았다.

"어쨌든 선생님은 너희들 이야기를 다 듣고 있었으니까, 오늘 나온 이야기들을 좀 정리해야 할 것 같아. 우선 너희들 각자 의견은 조금씩 달랐지만 공통적인 이야기가 있었어. 동영상은 재미있었어야 한다는 거지."

아이들은 고개를 끄덕였다.

"그런데 왜 동영상은 재미있어야 할까?"

갑작스런 질문에 아이들은 멀뚱히 선생님 얼굴만 바라보았다. 그때 현이가 자신 없는 듯 작은 소리로 말했다.

"그래야 사람들이 많이 보니까요."

"그렇지."

선생님은 바로 그거라는 듯, 현이를 검지손가락으로 가리켰다.

"지금까지 우리는 어떤 영상을 만들고 싶은지, 또 그 이유는 무엇인지 얘기했고, 선생님이 준비한 영상을 보면서도 많은 이야기를 했어. 그 과정에서 선생님이 알게 된 건 연우와 서윤이, 민영이

는 감동 있는 휴먼 다큐나 길이가 짧더라도 주제가 확실한 영상을 만들고 싶어 했다는 거야. 그리고 치훈이와 현이는 웃음이 있는 재미있는 영상을 만들고 싶어 하고. 그렇지?"

아이들은 모두 선생님 말씀에 공감했다.

"선생님이 지금까지 살펴본 결과 서윤이는 영상의 자막과 대본을 주의 깊게 살펴보는 것 같아. 현이는 화면의 속도와 효과를 중요하게 생각하고, 민영이는 화면의 색감이나 화질을 아주 잘 짚어냈어. 시각적인 부분에 관심이 많다는 걸 알았지. 치훈이는 카메라의 움직임이나 효과음처럼 지나치고 넘어갈 수 있는 부분들을 세심하게 잘 살펴보더라. 연우는 배경음악이랑 화면 구성에 관심이 많고, 민재는 말을 많이 하지는 않았지만 카메라 조작 방법 등 기술적인 면에 관심이 많다는 걸 느꼈어. 모두 영상을 만드는 데 좋은 재능을 갖고 있었어. 음, 여기까지가 선생님이 너희들을 보면서 느꼈던 점이야. 어때? 얼추 맞는 것 같니?"

"네."

아이들은 무엇에 홀린 듯 선생님을 바라보았다. 선생님이 이렇게까지 자신들을 잘 파악할 줄은 몰랐다.

"선생님이 오늘 하고 싶은 말은…. 너희들도 알겠지만, 요즘은

많은 사람이 스마트폰을 사용하고 있잖아. 그러면서 이전보다 훨씬 쉽게 동영상을 볼 수 있게 됐지. 게다가 동영상은 입소문도 빨라서 재미있는 동영상을 만드는 사람들은 연예인 부럽지가 않아. 유명하고, 팬도 많고…. 아마 동영상이 사람들 사이에서 퍼져 나가는 속도는 너희들이 상상하는 그 이상일 거야."

선생님은 책상에 손을 짚은 채 아이들과 눈을 마주치며 말을 이어갔다.

"그렇기 때문에 동영상을 만들 땐 무엇보다 신중해야 하고, 어떤 내용을 다룰지 많이 고민해야 한다고 생각해. 재미있게 만들어서 더 많은 사람이 보는 것도 중요하지만, 내가 만든 동영상이 사람들에게 어떤 영향을 줄 수 있는지도 아주 깊이 생각해야 한다는 거지. 그래서 지금까지 너희들에게 어떤 영상을 만들고 싶은지 물어봤고, 영상을 보여 주면서 생각을 물어보기도 했어. 선생님이 왜 그랬는지 이제 이해할 수 있겠니?"

"네."

그때, 현이가 다급히 손을 들었다.

"그럼 저희는 언제 영상을 만들어요?"

"하하하, 역시 결론은 그거구나. 너희는 이미 영상을 만들어 본

경험도 있고, 각자 충분한 능력도 가지고 있어. 그러니까 언제든 만들면 돼. 대신 영상 속에 어떤 이야기를 담을지, 그게 확실해야 한다고 생각해. 그저 남들이 만드는 것과 비슷한 영상, 만들기 쉬운 영상, 그럴듯해 보이는 영상, 이런 거 말고."

아이들은 선생님 생각에 동의했지만 알쏭달쏭했다. 서윤이 역시 마찬가지였다. 이해가 될 것도 같고 아닌 것도 같았다.

"난 정말 깜짝 놀랐어. 우리가 했던 얘기들도 다 기억하고 계시고, 우리가 뭘 잘하는지도 다 보고 계셨다는 거 아니야? 진짜 대단하신 것 같지 않아?"

동아리 활동을 마치고 학원으로 가는 길, 현이가 호들갑을 떨며 말했다.

"맞아. 나도 진짜 놀랐어. 우리한테 관심이 많으셨던 것 같아."

서윤이가 말을 이었다.

"솔직히 지금까지 완전 답답했거든. 그런데 영상은 언제든 만들 수 있다고 하시니까 너무 다행이야. 이젠 좀 덜 답답해."

"에이, 그게 언제일지 모르잖아."

"그건 그렇지."

잠시 생각에 잠긴 현이가 뭔가 생각난 듯 서윤이에게 물었다.

"아참, 너 그 고양이 귀는 잘 붙여 줬니?"

"아, 몰라. 볼 때마다 속상해 죽겠어."

"근데 내가 잘 몰라서 그러는데, 너 혜나하고 너무 오래 사이가 안 좋은 거 아냐? 보통은 싸웠다가도 좀 있으면 화해하고 그러잖아."

"야, 난 걔랑 싸워 본 적도 없어. 그냥 걔 혼자 지금까지 막 화내고 있는 거라니까."

"수학 시간에 네가 대답 좀 했다고 걔 혼자 화를 냈고, 그게 지금까지 이어지는 거라고?"

"그렇다니까."

"진짜 이상하네. 혹시 그 뒤로 다른 일이 있었던 거 아냐?"

"그 뒤로 한마디도 안 했는데?"

현이가 서윤이의 옆얼굴을 바라보며 혼잣말처럼 중얼거렸다.

"정말 이해할 수 없는 일이야."

학원에 갔다 집에 오니 엄마가 저녁을 차리고 있었다.

"서윤아, 얼른 밥 먹어."

서윤이는 손을 씻고 식탁에 앉았다.

"요즘 동아리는 어때? 새로운 선생님은 여전히 재미가 없어?"

엄마는 서윤이의 얼굴을 살피며 물었다. 서윤이는 동아리 시간에 선생님이 했던 말씀을 엄마에게 전했다.

"어떤 이야기를 영상에 담을지 고민하라고 하셨다고? 어렵다, 그치?"

"맞아요. 솔직히 무슨 말인지 잘 모르겠어요."

"서윤이는 어떤 내용으로 영상을 만들고 싶은데?"

"그거야 공모전 주제를 봐야 알 수 있죠. 늘 공모전 주제대로 시나리오를 썼으니까."

엄마는 뭔가 알겠다는 듯 옅은 미소를 지었다.

"그럴 줄 알았어. 엄마는 선생님이 왜 그렇게 말씀하셨는지 알 것 같네."

"왜요?"

서윤이가 눈을 동그랗게 뜨며 물었다.

"음, 그러니까 선생님은 공모전에 나가는 것과 상관없이 좋은 영상을 어떻게 만들지 너희들이 고민하고 생각해 봤으면 하셨던 것 같아. 예를 들면…."

서윤이는 숟가락을 든 채 엄마의 얼굴만 바라보았다.

"3학년 때인가? 네가 수업시간에 썼던 시가 학년 문집에 실린 적 있잖아."

"네, 맞아요."

"그때 넌 그저 네가 쓰고 싶은 시를 썼던 거지, 꼭 문집에 싣겠다는 생각은 하지 않았어. 그렇지?"

서윤이는 고개를 끄덕였다.

"그런데 그때 기분이 좋았던 넌 또다시 문집에 실리는 시를 쓰고 싶어 했어. 그래서 예쁜 말로 멋있어 보이는 시를 쓰려고 무척 애를 썼지. 안 그래?"

그때 일이 생각난 서윤이의 볼이 살짝 발그스름해졌다.

"그런데 엄마는 네가 나중에 썼던 시들보다 3학년 때 처음 썼던 시가 훨씬 좋았거든. 표현도 재미있었고 너의 마음이 느껴지기도 했고."

고등학교 국어 선생님인 엄마는 서윤이가 쓴 글을 늘 유심히 읽어 보곤 했다. 그렇지만 한 번도 평가해 준 적은 없었다. 그러니까 지금 엄마는 서윤이의 글을 처음으로 평가해 준 셈이었다.

"아마 선생님 말씀도 그런 것 아니었을까? 상을 받을 수 있는 영상, 그럴 듯한 영상이 아니라 정말 너희들이 마음을 담아서 만든 영상, 너희들의 표현이 살아 있는 영상을 만들었으면 하시는 것 같은데?"

서윤이는 말없이 고개를 끄덕였다. 엄마의 이야기를 듣고 보니 선생님이 했던 말의 의미가 조금 더 명확하게 느껴지는 것 같았다.

다음 날, 수업이 끝난 뒤 서윤이와 현이는 운동장 스탠드에 앉아 이야기를 나누었다. 서윤이는 엄마와 했던 이야기를 현이에게 전했고, 현이는 연신 고개를 끄덕였다.

"내가 생각해도 선생님 말씀이랑 너희 엄마 말씀이 비슷한 것 같아. 그런데 너 정말 평소에 영상으로 만들어 보고 싶었던 거 없었어? 넌 책도 많이 읽고 글도 많이 쓰니까 있을 수도 있잖아."

현이의 말에 서윤이는 입을 삐죽 내밀며 말했다.

"야, 나도 공모전 할 때나 생각하지, 평소에도 늘 영상 생각만 하지는 않아."

"그러니까, 그게 문제였다고 그러시는 거 아냐? 공모전 때만 생각하는 거…."

"나도 알아. 아는데 뭘 어떻게 해야 할지 정말 모르겠어."

서윤이가 허공을 바라보며 한숨을 쉬었다.

"학원 갈 시간 됐어. 얼른 일어나."

현이가 엉덩이를 탈탈 털며 일어섰다. 서윤이도 현이를 따라 힘없이 일어섰다.

"걱정 마. 이제부터 열심히 생각해 보면 되잖아. 어떤 영상을 만들면 좋을지…."

"그래. 생각, 생각을 해야 돼."

서윤이가 두 손으로 자기 머리를 잡으며 말했다.

그렇지만 생각해야 하는 시간은 예상했던 것보다도 훨씬 길었다. 동아리 활동을 시작한 지 세 달이 다 되도록 동아리 아이들은 겨우 학교 행사를 두 번 촬영하고 편집했을 뿐, 다른 영상은 아무것도 찍지 못하고 있었다. 그래도 다행인 건 공모전에 나가야 한다는 생각으로 조급했던 마음이 조금은 느긋해졌다는 점이었다. 오히려 공모전에 대한 욕심을 덜고 나니 다른 때보다 책도 더 많이 읽고, 영상도 더 많이 찾아보게 되어 그것도 나쁘지 않았다.

그러던 어느 날이었다. 수업이 끝난 뒤에도 서윤이는 자리에 앉아 책을 펼쳤다. 현이네 반은 늘 종례가 조금씩 늦게 끝나기 때문에 동아리실이든 학원이든 집이든 현이와 함께 가려면 조금 기다려야 했다.

"쟤는 맨날 끝나고 나서도 저러고 있더라."

하영이의 목소리였다. 서윤이는 시선을 책에 둔 채, 귀를 쫑긋 세웠다.

"뭐, 또 그 동아리인가 하러 가나 보지. 이현이랑…."

"야, 쟤 작년에는 상 탔다고 엄청 잘난 척하고 그러지 않았냐?"

"맞아, 동영상…."

혜나와 그 친구들이 서윤이를 두고 한마디씩 수군거렸다. 아무리 생각해 봐도 공모전에서 상을 탔다고 잘난 척한 적은 없었던 것 같은데, 조금은 억울했지만 서윤이는 그저 듣고만 있었다.

"자랑할 게 그것밖에 없잖아. 다른 건 잘하는 게 없으니까…."

혜나였다. 서윤이는 애써 아무렇지 않은 척 책만 내려다보았다.

"서윤아, 미안. 오늘 알림장 쓸 게 너무 많아서…."

혜나 무리가 교실을 빠져나가자마자 현이가 달려왔다.

"얼른 가자."

현이가 서윤이의 팔을 잡아당겼지만, 서윤이는 일어날 수 없었다. 이미 눈물이 책장 위로 떨어지고 있었기 때문이다.

"서윤아…."

놀란 현이가 서윤이의 어깨를 끌어안았다. 서윤이는 현이에게 안긴 채 아기처럼 엉엉 울음을 쏟아 냈다.

한참이 지나서야 겨우 눈물을 그친 서윤이는 현이와 함께 집으로 왔다. 그리고 학교에서 있었던 일을 이야기했다.

"아니, 우혜나 걔 왜 그래? 내가 혼 좀 내 줄까?"

서윤이는 말없이 고개만 저었다.

"그런데 넌 왜 아무 말도 못하는 거야? 걔가 못되게 말하면 너도 뭐라고 좀 해."

현이의 말에 서윤이는 가슴 한쪽이 쿡 찔린 것 같았다. 사실, 서윤이가 가장 답답하고 속상한 점도 바로 그것이었다. 지금까지 혜나와 부딪치면 서윤이는 아무 말도 할 수가 없었다. 그도 그럴 것이, 혜나는 매번 자기 할 말만 툭 던진 뒤 서윤이가 말할 틈도 주지 않고 자리를 떠 버렸다. 그러니 서윤이는 늘 혼자 상처받고, 혼자 속상해하고, 혼자 울었다.

서윤이가 아무 말도 못하자 현이가 한숨을 내쉬었다.

"아, 답답해, 답답해."

"나도 답답해."

그때, 현이의 전화기가 울렸다. 수업이 끝나고도 한참 지났는데 집에 오지 않으니 엄마가 전화를 한 것이다.

"지금 서윤이네 집이에요. 네, 금방 갈게요."

현이는 전화를 끊더니 서둘러 가방을 챙겨 현관으로 나갔다.

"엄마랑 아빠랑 저녁에 외식한다고 빨리 오래. 너 계속 아까 일 생각하지 말고 책도 읽고, 영상도 보고 그러면서 얼른 잊어 버려. 하아, 이럴 땐 오빠들 영상 보는 게 최곤데…. 내가 좀 있다가 전화할 테니까, 조금만 기다려. 그럼 나 간다!"

현이는 신발을 꿰어 신으며 혼자 떠들더니 문을 닫고 나가 버

렸다. 터덜터덜 방으로 들어온 서윤이는 침대에 벌렁 누워 눈을 감았다. 정말이지 온몸의 힘이 다 빠져나간 것처럼 꼼짝도 할 수 없었다.

다음 날, 수업이 끝난 뒤 서윤이는 현이와 함께 동아리실로 올라갔다. 학교에 오자마자 혜나와 눈이 마주칠까 전전긍긍해야 했고, 수업 시간 내내 기분도 좋지 않았지만 동아리 활동을 마치고 현이와 수다 떨 생각에 조금 위안이 되기도 했다.

수업이 끝난 뒤, 동아리실 문을 열고 들어간 서윤이와 현이는 깜짝 놀라며 걸음을 멈추었다.

"저게 뭐야?"

현이는 놀란 눈으로 서윤이를 쳐다보았다. 서윤이와 현이가 본 건 펼쳐진 스크린 위에 떠 있는 공모전 안내문이었다. 서윤이와 현이는 스크린 앞으로 다가가 내용을 자세히 읽어 보았다. 그런 뒤, 서로의 얼굴을 마주보았다.

"설마…. 아니겠지."

"그래. 아니겠지?"

그때 동아리실 문이 열리며 선생님이 들어왔다.

"오늘은 일찍들 왔네? 그건 다 읽어 봤어?"

"네."

서윤이와 현이는 어리둥절한 표정으로 대답했다.

"아니, 공모전 나가고 싶다고 찾아오기까지 했으면서 표정이 왜들 그래? 막 환호하고 기뻐해야 하는 거 아니야?"

서윤이와 현이는 또다시 마주보았다. 현이는 너무 놀라 입까지 헤 벌리고 있었다.

잠시 뒤, 아이들이 한 명씩 들어왔다. 들어오는 아이들마다 스크린 앞으로 다가갔고, 그다음은 모두 똑같이 놀란 눈으로 자리에 들어와 앉았다.

"자, 다들 왔으니까 이 공모전에 대해 얘기해 보자."

선생님은 스크린을 가리키며 말문을 열었다.

"다들 읽어 봤겠지만, 이 공모전은 교육부에서 주관하는 청소년 UCC 공모전이야. 전국 청소년들을 대상으로 한 것이고, 주제는 '꿈'이지. 제작 기간도 넉넉해서 우리가 고민하고, 촬영하고, 편집하기까지 시간이 충분해. 다들 어떻게 생각해?"

선생님은 아이들을 둘러보았다. 현이가 손을 들며 말했다.

"선생님, 저 공모전은 너무 큰 공모전이에요."

"너무 큰 공모전?"

선생님은 고개를 갸웃거리며 말했다.

"맞아요. 저희는 지역 공모전 같은 작은 데만 나가 봤지, 저렇게 큰 공모전에는 나가 본 적이 없어요."

"저런 공모전에 나가면 상 받기 힘들어요."

연우와 민영이가 다급하게 말했다.

"그런데?"

선생님은 이해할 수 없다는 표정이었다. 그때 서윤이가 손을 들었다.

"선생님, 주제가 '꿈'이라면 어떤 내용으로 영상을 만들어야 할지 모르겠어요. 주제가 너무 재미없고 뻔해요."

아이들은 서윤이의 말에 고개를 끄덕였다.

"얘들아, 우리가 잊지 말아야 할 게 있어."

선생님은 아이들과 눈을 마주치려 책상 위로 허리를 숙이며 말했다. 아이들은 눈을 동그랗게 뜨고 선생님을 쳐다보았다.

"이 공모전은 너희처럼 영상 만들기를 좋아하는 친구들이 참여해. 그 친구들도 이 안내문을 보면서 대부분 너희처럼 큰 공모전이라 힘들겠다거나 주제가 막연하다고 생각할 거란 말이지. 그렇지만 그중에서 좋은 결과를 얻는 친구들도 분명 나올 거야."

선생님은 아이들을 쓰윽 둘러보더니 말을 이었다.

"지금 너희들이 갑작스럽게 공모전 안내문을 봐서 이런저런 생각이 많은가 본데, 여기에서 고민해야 할 건 딱 하나야. 도전할 것인가, 도전하지 않을 것인가."

선생님은 연우와 민재 사이에 있던 빈 의자에 앉으며 아이들을 둘러보았다.

"하아, 이 공모전, 나가는 애들이 엄청 많다고 들었거든요. 경쟁률이 장난 아닐 텐데…."

"맞아요. 전에 이 지역 공모전에서 대상 받았던 애들도 여기 나가서 다 떨어졌어요."

"제가 가입한 인터넷 동영상 카페가 있는데요. 거기서 엄청 실력 좋은 애들도 이 공모전은 힘들다고 그랬어요."

아이들은 푸념이라도 하듯 한마디씩 했다.

"좋아. 오늘은 이 공모전에 대해서 어떤 이야기든 떠오르는 대로 한번 얘기해 보자. 그런데 한 가지 조건이 있어."

선생님은 검지손가락을 들어 보이며 말했다.

"조건이요?"

현이가 물었다.

"응. 어떤 이야기를 해도 좋은데 다른 사람의 생각은 빼고 말하기. 그러니까 '누가 어떻게 했다더라, 다른 사람들은 이렇게 얘기하더라.' 이런 말 빼고 자기 생각만 말하는 거야. 알았지? 자, 지금부터 시작!"

서윤이의 머릿속이 복잡해지기 시작했다. 다른 사람의 생각을 빼고 내 생각만 말하라고? 할 말이 엄청 많을 것 같았는데, 막상 그런 전제를 두고 말하려고 하니 마땅히 떠오르는 말이 없었다. 다른 아이들도 마찬가지인 것 같았다. 그렇게 한참 동안 아이들이 눈동자만 데굴데굴 굴리고 있을 때 민재가 손을 들었다.

"선생님 저는요, 이 공모전 나가 보고 싶어요."

아이들은 놀란 눈으로 민재를 쳐다보았고, 팔짱을 낀 채 말이 없던 선생님은 만족스러운 듯 미소를 지었다.

"자, 다른 친구들은?"

"사실 저도 나가 보고는 싶어요. 그런데 다들 어렵다고 해서…."

연우의 말에 민영이가 다급하게 연우의 팔을 잡으며 "다른 사람 생각은 말하지 말아야지"라고 속삭였다. 연우는 다급히 손으로 자신의 입을 막았다.

"사실은 저도…."

현이가 부끄러운 듯 수줍게 손을 들어 올렸다. 서윤이는 고개를 홱 돌려 현이를 바라보았다.

"아니, 나 진짜 신나게 찍고 편집하고, 그런 거 정말 해 보고 싶단 말이야. 너무 오래 못 했더니 손이 근질근질하다니까. 진짜 딱 내 생각만 말하면, 난 정말 나가고 싶어."

현이는 변명이라도 하듯 서윤이에게 징징댔다.

"아, 현이 말 들으니까 저도 얼른 영상 찍고 싶어요."

치훈이었다. 이제 말하지 않은 사람은 서윤이밖에 없었다. 사실 서윤이도 빨리 영상을 만들고 싶고, 공모전에 나가고 싶었다. 그런데 아직도 마음속에서 걱정이 떨쳐지지 않았다. 그 와중에 잘하는 건 영상 만드는 것밖에 없는 애라고 쏘아붙이던 혜나의 말까지 떠올랐다. 만약 공모전에 나가 상을 받지 못 한다면 그것조차도 못하는 애라고 무시할 게 분명했다.

'대체 꿈이라는 주제로 어떤 영상을 만들어야 저 큰 공모전에서 상을 받을 수 있지?'

아이들이 이야기를 나누는 동안 서윤이의 머릿속에서는 이런 생각만 뱅뱅 맴돌았다.

"지금 많은 친구들이 나갔으면 좋겠다고 했어. 그런데 이런 일

은 다수결로 정하는 건 아닌 것 같거든. 서윤이 생각은 어때?"

한참을 기다리던 선생님이 서윤이를 바라보며 물었다. 서윤이는 눈을 찔끔 감았다 뜨며 천천히 말했다.

"저도 나가고 싶어요."

다른 사람의 생각, 어디에서 들었던 이야기, 그리고 정말 하고 싶지 않은 마음속 이야기…. 이런 걸 다 빼놓으니 딱 저 말밖에 할 수가 없었다. 현이가 환하게 웃으며 서윤이를 바라보았다.

"이제 된 거 아니에요? 저희 다 나가고 싶다고 했으니까 나가면 되잖아요."

치훈이가 잔뜩 신이 나서 말했다.

"우선, 다들 자기가 어떤 생각을 하고 있는지 돌아보느라 고생 많았어."

선생님의 말씀에 아이들은 웃음을 터뜨렸다.

"그럼 우리 다음 시간까지 어떤 내용으로 영상을 만들지 생각해 오도록 하자. 아, 무조건 다 해 오라는 건 아니니까 너무 부담 갖지 마. '꿈'에 대해 어떤 내용을 영상에 담고 싶은지 떠오르는 게 있는 사람만 발표하는 시간을 갖겠다는 말이야. 알았지?"

"네!"

아이들은 큰 소리로 대답하고 자리에서 일어섰다.

"와, 우리가 그렇게 큰 공모전에 나갈 거라고는 생각도 못했어."

현이가 잔뜩 들뜬 목소리로 서윤이의 팔을 붙잡고 말했다.

"나도 이 공모전일 줄은…."

말을 맺지 못한 서윤이의 어깨가 축 처졌다.

"그런데 너 왜 그렇게 대답을 늦게 했어? 우리 중에서 공모전에 제일 나가고 싶어 했잖아."

"아니, 시나리오를 어떻게 써야 할지 걱정돼서…."

걱정이 잔뜩 담긴 서윤이의 말을 듣고 현이가 웃음을 터뜨렸다.

"그것 봐. 너도 벌써 영상 만들 생각을 하고 있었던 거잖아. 너도 진짜 하고 싶었던 거야."

현이의 말이 맞았다. 이유가 어찌 되었든 서윤이는 분명 동아리실에서부터 지금까지 공모전 주제에 대해 어떻게 시나리오를 써야 하나 계속 고민하고 있었으니 말이다.

집에 돌아온 서윤이는 동아리 활동을 할 때 쓰던 두꺼운 공책을 오랜만에 꺼냈다. 그리고 다음 동아리 시간까지 어떤 내용이든 꽉 채워 가겠다고 다짐했다.

도전의 첫 번째 난관

4

어느새 한 주가 지나가고 다시 동아리 활동의 날이 되었다. 일주일 내내 공모전 얘기만 했던 서윤이와 현이는 설레는 마음을 안고 동아리실로 들어갔다.

"그럴 줄 알았어. 너 준비 많이 했지?"

먼저 와 있던 민영이가 서윤이가 끌어안고 있는 공책을 가리키며 물었다. 서윤이는 웃으며 자리에 앉았다. 잠시 뒤, 자리가 하나씩 채워지고 마지막으로 민재와 함께 선생님이 들어왔다.

"다들 공모전 나간다고 생각하니까 기대가 많이 되나 봐. 표정들이 밝네? 자, 그럼 오늘부터는 본격적으로 공모전 준비를 해 보는 거야. 오늘 우리가 뭘 할지는 지난주에 얘기해서 알고 있지?"

"네!"

"좋아. 그럼 누가 먼저 얘기해 볼까?"

선생님이 아이들을 둘러보았다. 민영이와 현이가 한꺼번에 서윤이를 쳐다보았다. 서윤이는 조용히 손을 들었다. 선생님은 서윤

이에게 말해 보라는 손짓을 했다.

"저는 두 가지를 생각해 봤는데요. 첫 번째는 제가 어떤 책을 읽다가 생각한 내용이거든요. 그 책에서 '꼭 꿈을 가져야 하는 건 아니다. 꿈이 없다는 건 다르게 말하면 이 세상 모두를 꿈꾼다는 것이다'라는 내용이 있었어요. 그러니까 누군가가 꿈을 물어보면 대답하지 못하는 아이가 영상의 주인공이 되는 거예요. 그런 질문을 받을 때마다 힘들어 하는 주인공에게 누군가가 나타나서 그 얘기를 해 주는 거죠. 그런 뒤에 주인공이 세상 모든 일을 꿈꾸기 위해서는 주어진 어떤 일이든 최선을 다해야 한다면서, 힘을 내서 뭐든 열심히 하게 된다는 그런…."

서윤이는 말끝을 흐리며 아이들을 바라보았다.

"그런데 꿈이 없어도 된다는 건 주제랑 안 맞는 거 아닌가?"

연우가 고개를 갸웃거리며 말했다.

"그렇지만 그것도 어쨌든 꿈 이야기니까 괜찮은 거 아니야?"

이번에는 치훈이가 말했다. 아이들 사이에서는 갑자기 '꿈이 있는 이야기'와 '꿈이 없는 이야기'를 두고 토론이 벌어졌다. 그렇게 한참 동안 이야기가 이어지고 있을 때, 선생님이 아이들을 향해 말했다.

"어, 얘들아, 이렇게 하다가는 내용도 못 정하고 시간만 보낼 수 있어. 우선 서윤이 의견을 다 들어보고 찬성, 반대로 자기 생각을 얘기하는 것도 괜찮을 것 같은데?"

아이들은 고개를 끄덕이며 서윤이를 바라보았다.

"서윤아, 계속 얘기해 봐."

서윤이는 다급히 공책을 넘기며 말했다.

"아, 그리고 두 번째는요. 어려움을 이겨 내고 꿈을 이룬 유명한 사람들의 어린 시절이나 잘 알려지지 않은 사진들을 보여 주고, 움직이는 자막으로 그 사람들이 어떻게 성장했는지 알려 주는 거예요. 그리고 마지막에 잘 알려진 사진들을 보여 주고, 꿈을 위해 간절하게 노력하면 누구나 꿈을 이룰 수 있다는 자막을 넣어서 감동적으로 영상을 만들면 어떨까 하는 생각을 했어요."

서윤이가 이야기를 마쳤는데도 아이들은 아무 반응이 없었다. 얼핏 봐도 별로 재미없어 한다는 게 고스란히 느껴졌다.

"서윤이가 준비한 이야기 잘 들었어. 서윤아, 준비하느라 애썼다."

선생님이 서윤이를 바라보며 환하게 웃었다.

"다른 친구들은 생각해 온 것 없어?"

아이들은 서로 눈치만 살피며 선뜻 손을 들지 못했다.

"서윤이만 준비를 한 거야?"

"그게, 원래 그랬어요. 영상 내용은 거의 서윤이가 다 만들어서 저희는 따로 준비를 안 했어요."

현이가 선생님을 바라보며 말했다.

"그래? 그렇지만 다른 친구들도 하고 싶은 게 있을 수 있잖아. 꼭 준비한 게 아니더라도 지금 떠오르는 이야기가 있으면 한번 해 봐. 누구 얘기할 사람 없어?"

여전히 아무도 손을 들지 않았다.

"그럼 서윤이가 준비한 이야기 중에서 정해야 하나?"

선생님이 조금 큰 소리로 혼잣말을 할 때였다.

"선생님, 저요!"

민재였다. 아이들은 놀란 얼굴로 일제히 민재를 바라보았다.

"오, 그래. 민재 한번 말해 봐."

"저기…. 아인슈타인이나 에디슨은 어릴 때 엄청 멍청한 아이였고, 처칠은 언어장애가 있었고, 그런데도 그 사람들은 꿈을 이루었잖아요."

긴장한 듯 작은 목소리로 느릿느릿하게 말하는 민재의 이야기

를 듣기 위해 아이들은 모두 귀를 쫑긋 세워야 했다. 선생님은 그런 민재의 얼굴을 진지하게 바라보았다.

"그러니까…. 그 사람들은 엄청 노력했다고 그러는데, 왜 노력을 하게 된 건지 그게 궁금했는데요."

여기까지 이야기했을 때 연우가 혼잣말처럼 "그것도 너무 뻔한데…"라고 중얼거렸다. 그러자 민재는 빨갛게 달아오른 얼굴로 다급히 말을 이어갔다.

"아니 그, 그러니까 난 그 사람들이 노력을 엄청 많이 했다는 게 궁금한 게 아니라…."

여기까지 말하고 민재가 더 이상 말을 잇지 못하자 선생님이 민재에게 물었다.

"민재야, 너무 긴장하지 말고 생각을 천천히 말해 보자. 네가 왜 그런 생각을 했는지, 또 어떤 내용을 영상에 담고 싶은지 솔직하게 다 말해 봐. 대신 다른 친구들은 민재 이야기를 잘 들어주면 되는 거야."

아이들은 고개를 끄덕였다. 그러자 민재가 심호흡을 한 번 하더니 이야기를 시작했다.

"아, 저는 엄청 아기였을 때부터 뭐든지 좀 잘 못했대요. 말도

잘 못하고, 글씨도 늦게 배우고, 지금도 공부를 잘 못하고 그렇거든요. 다른 애들보다 너무 못하니까 유치원 다닐 때는 친구들이 멍청하다고 놀리기도 하고…. 그런데 위인전을 보니까 아인슈타인이나 에디슨 같은 천재들도 어릴 때는 멍청한 아이여서 학교도 제대로 못 다녔다는 이야기가 있더라구요. 저처럼….”

민재는 아이들을 둘러보며 침을 꿀꺽 삼켰다. 아이들은 아무 말 없이 민재의 이야기에 집중하고 있었다.

“그런데 저는 노력하겠다고 생각을 해도, 학교에서 공부할 때는 무슨 말인지 잘 모르겠고, 어떻게 노력해야 할지도 잘 모르겠어서 그냥 하기 싫어졌거든요. 그냥 난 아무리 해도 안 된다는 생각만 자꾸 들고…. 그런데 아인슈타인이나 에디슨, 처칠 같은 사람들은 멍청하다는 말을 듣고, 혼도 많이 나고, 학교에서도 쫓겨나고 그랬는데도 노력해서 꿈을 이룬 거잖아요. 저라면 분명히 안 된다고 생각하고 포기했을 것 같거든요. 그런데 위인전에는 그냥 그 사람들이 포기하지 않고 노력했다고만 나와 있고, 왜 포기하지 않았는지 그 이유가 안 나와 있어서….”

여기까지 듣던 현이가 작은 소리로 “맞아”라고 말하자, 다른 아이들도 고개를 끄덕였다. 서윤이 역시 마찬가지였다.

"아까 황서윤이 유명한 사람들의 모습으로 영상을 만들자고 해서 갑자기 그 생각이 났어요. 저는 그게 궁금한데 알려 줄 사람이 없으니까, 만약에 저 같은 애들이 또 있으면 영상을 보면서 알게 되면 좋으니까요."

아이들의 시선은 민재의 얼굴에 고정되어 있었다.

"얘기 다 한 건데…."

민재의 얼굴이 또다시 빨갛게 달아올랐다.

"다들 민재 이야기 잘 들었지?"

"네."

아이들이 우렁차게 대답했다.

"자, 그럼 서윤이가 준비한 이야기랑 민재 이야기가 있어. 이제 너희들끼리 의견을 주고받을 시간이 된 거지. 이제부터 선생님은 없다고 생각하고 서로 이야기해 봐."

선생님은 지난번처럼 의자를 끌고 구석으로 가서 앉았다. 아이들은 잠시 멀뚱히 서로의 얼굴을 바라보며 말이 없었다. 그 침묵을 깬 건 치훈이었다.

"솔직히 난 서윤이가 말한 것 중에 첫 번째는 보는 사람들도 이게 주제에 맞는 건지 아닌지 헷갈릴 것 같아. 그리고 두 번째도 너

무 평범했어."

아이들 모두 공감하는 듯 보였다. 예상했던 반응이었다.

"그런데 그 두 번째 이야기랑 민재의 이야기를 좀 섞으면 괜찮을 것 같아. 솔직히 유명한 사람들이 꿈을 이루느라 노력했다는 건 뻔한 이야기지만, 노력하게 된 이유는 잘 모르는 이야기잖아."

"난 아까 서민재가 이야기할 때 나도 모르게 막 집중되고, 다른 생각이 안 났거든. 솔직히 엄청 재미있는 건 아니었는데, 뭐라 그러지? 약간 감동? 그런 것도 있고, 안치훈이 말한 것처럼 두 이야기를 잘 섞으면 좋을 것 같아."

민영이가 두 손을 모으며 이야기했다. 다른 아이들 역시 고개를 끄덕였다. 이 정도면 답은 이미 나온 셈이었다.

"서윤아, 넌 어때? 네가 발표한 거니까 네 생각도 말해야 되는 거 아니야?"

현이가 고개를 돌려 서윤이에게 물었다. 서윤이는 한참 생각하다가 고개를 갸웃거리며 말했다.

"나는…. 그런데 궁금한 게 있는데, 그 유명한 사람들이 노력하게 된 이유가 뭐야? 그 이유를 알아야 영상을 만들 수 있잖아."

아이들은 아무 말도 하지 못하고 멀뚱멀뚱 허공만 바라보았다.

그때 선생님이 자리에서 일어나며 말했다.

"얘들아, 선생님이 없다고 생각하랬다고 선생님을 정말 없애 버린 거야? 그런 건 선생님한테 물어봐야지. 너희들이 이야기를 정하고 나면 그 뒤로 궁금한 점, 어려운 점은 선생님이 최대한 도와줄 테니까 너희는 오늘 내용에 대한 이야기만 해."

"네!"

아이들은 웃으며 대답했다. 그리고 나니 자연스레 아이들의 시선이 다시 서윤이에게로 쏠렸다.

"난 아까부터 치훈이랑 민영이가 얘기한 것처럼 두 내용을 섞어서 영상을 만들려면 시나리오를 어떻게 써야 하나 걱정이 돼서, 계속 그 생각만 하다 보니까 궁금해진 거였거든."

"뭐야, 넌 이미 시나리오 쓸 생각부터 하고 있었던 거야? 아직 정해진 것도 아니었는데?"

현이의 말에 아이들과 선생님 모두 웃음을 터뜨렸다. 아직도 볼이 발그레한 민재도 조용히 웃었다.

"자, 그럼 이제 정리가 된 건가?"

선생님의 물음에 아이들은 모두 고개를 끄덕였다.

"오늘 생각 많이 하느라 고생했다. 그래도 결정되니까 다들 기

분 좋지?"

"네!"

"그럼 오늘은 여기까지. 아까 서윤이가 궁금하다고 했던 내용은 우리가 다음 시간에 만나서 이야기할 수 있도록 선생님이 열심히 준비해 볼게. 그럼 다음 주에 만나서 본격적으로 영상 찍을 준비를 해 보자."

"네!"

아이들은 한껏 들뜬 목소리로 인사하고 동아리실을 나왔다.

"이야, 이제 공모전 나가는 게 실감 난다. 으흐흐."

동아리실을 나서자마자 현이가 말했다. 서윤이 역시 마음속에서 뭔가가 부풀어 오르는 것처럼 기분이 좋았다.

"그런데 난 진짜 서민재 때문에 깜짝 놀랐어."

운동화로 갈아 신고 현관을 나서는데 현이가 말했다.

"나도. 난 걔가 오늘처럼 길게 말하는 거 처음 봤어. 촬영할 때도 우리가 얘기하면 고개만 끄덕끄덕 하고 그랬잖아. 자기 얘기는 한마디도 안 하고…."

"그런데 오늘 자기 얘기하는데 좀 미안하기도 했어. 그래도 몇 달 동안 같이 영상도 찍고 그랬는데, 전혀 몰랐잖아."

돌이켜 보니 그동안 다른 아이들과 워낙 재미있게 어울려 지내느라 겉돌고 있는 민재에게 너무 관심이 없었다는 생각이 들었다.

틈만 나면 동영상을 찾아보고, 어떻게 시나리오를 써야 할지 고민하는 동안 한 주가 훌쩍 지나갔다. 서윤이와 현이는 늘 그랬듯 함께 동아리실로 올라갔다.

"자, 일단 오늘은 역할 분담을 한 번 확인하자. 서윤이는 시나리오랑 콘티, 자막 담당이고, 치훈이랑 민재는 촬영 담당, 그리고 연우랑 민영이는 소품 담당, 현이는 편집 담당. 맞지?"

선생님이 컴퓨터로 기록하며 물었다.

"이번 영상도 이렇게 역할을 나눠서 찍으면 되는 건가?"

"네."

"좋아. 역할 분담은 5분도 안 돼서 끝났고…. 그럼 다음은…."

선생님은 책상 한쪽에 놓여 있던 종이 한 뭉치를 가지고 오더니 아이들에게 한 장씩 나누어 주었다. 종이에는 기사가 인쇄되어 있었는데, 기사 제목은 '나는 가장이다'였다.

"나는 가장이다?"

현이가 혼잣말로 중얼거렸다.

"오오, I am best!"

치훈이가 허리를 젖히며 큰 소리로 말하자, 아이들이 키득대며 웃었다.

"자, 그만 웃고 얼른 읽어 봐."

선생님이 손뼉을 치며 말했다. 아이들은 곧장 기사 내용을 읽기 시작했다. 그 기사는 백준형이라는 의사 선생님이 쓴 것이었는데, 부모님 얼굴도 모른 채 보육원에서 자란 뒤 의과대학을 졸업하고 의사가 되었다는 이야기로 시작하고 있었다. 그 의사 선생님이 처음 병원에서 일을 시작할 때 가족관계증명서라는 서류를 병원에 제출해야 했는데, 다른 사람들과 달리 자신의 가족관계증명서에는 부모님의 이름이 적혀 있지 않았다. 그 서류를 한참 동안 보면서 스스로 가장이라는 사실을 뼈저리게 깨달았다는 내용이었다.

"다 읽었지?"

서윤이가 기사를 다 읽고, 이 기사와 영상 내용을 어떻게 연결해야 할지 생각하는 사이 선생님이 아이들에게 물었다. 아이들도 모두 읽었는지 한목소리로 "네!" 하고 대답했다.

"어땠어?"

"대단한 것 같아요. 부모님이 안 계시는 것만으로도 힘들 텐데, 공부도 열심히 했잖아요."

연우가 말했다.

"맞아요. 의사라니…. 진짜 멋져요."

현이는 엄지손가락까지 치켜들었다.

"내가 너희들에게 이 글을 읽어 보라고 한 건, 지난번 민재와 서윤이가 궁금해했던 내용이 있었잖아? 거기에 대한 이야기를 이분이 해 줄 수 있을 것 같아서야."

선생님이 기사를 들어 보이며 말했다.

"노력할 수 있었던 이유요?"

서윤이가 묻자 선생님이 고개를 끄덕였다.

"어? 그런 내용이 여기에 있어요?"

민재는 깜짝 놀라며 다시 기사를 읽기 시작했다.

"하하, 아니. 지금 이 기사에 그 내용이 있다는 게 아니라, 이 기사를 쓴 분을 만나 보면 그 해답을 얻을 수 있을 것 같다는 뜻이야."

"만날 수 있어요?"

현이가 눈을 동그랗게 뜨고 물었다.

"선생님이 연락해 봤지. 사실 이 기사, 선생님이 졸업한 대학교 신문에 났던 기사거든."

"아아…."

"너희들이 만나겠다고 하면 선생님이 약속을 잡을 수 있을 것 같은데, 어때?"

"누가 만나는 거예요? 저희 다요?"

민영이가 양 팔을 쭉 펼치며 물었다.

"음, 누가 만날까? 꼭 만나고 싶은 사람?"

선생님의 질문에 민재가 가장 먼저 손을 들었다.

"서윤아, 넌?"

현이가 서윤이에게 귓속말을 했다. 서윤이도 만나고 싶었고 듣고 싶은 이야기도 많았지만 민재랑 둘뿐이라면 그건 좀 어색할 것 같았다.

"현아, 너도 같이 가자."

서윤이가 다급히 현이에게 귓속말을 했다.

"선생님, 저랑 서윤이도 같이 갈게요."

현이가 손을 들며 씩씩하게 말했다.

"그럼 민재랑, 서윤이, 현이 이렇게 셋? 다른 친구들은? 같이 갈 사람 없어?"

다른 아이들은 웃으며 고개를 저었다.

"좋아. 그럼 선생님이 약속을 정하고 나서 얘기해 줄게. 그동안 세 사람은 어떤 걸 질문하면 좋을지 미리 생각해 두고…."

"네."

서윤이와 민재, 현이가 동시에 대답했다.
"아주 손발이 착착 맞는구나. 느낌이 좋아."
선생님 말씀에 아이들이 환하게 웃음을 터뜨렸다.

부정신호 차단하기

5

조금 덥지만 화창한 날씨였다. 토요일 오후, 서윤이와 현이와 민재는 도서관 앞 탁자에 앉아 의사 선생님을 기다리고 있었다.

"아, 조금 떨려."

현이가 두 손을 마주 잡으며 말했다.

"나도 긴장돼."

서윤이도 어깨를 움츠렸다. 민재는 언제나 그랬듯 아무 말이 없었다. 서윤이가 탁자 위에 공책을 펼쳐 놓을 때, 누군가가 아이들의 맞은편 의자에 다가오며 인사를 건넸다.

"얘들아, 안녕? 일찍 왔네."

기사에 나온 의사 선생님이었다. 민재가 자리에서 벌떡 일어났고, 뒤이어 서윤이와 현이도 천천히 일어섰다.

"앉아, 앉아. 앉아서 이야기하자."

의사 선생님은 음료수 네 개를 탁자 위에 올려놓으며 자리에 앉았다.

"그런데 저희를 어떻게 알아보셨어요?"

현이가 눈을 동그랗게 뜨고 물어보자 의사 선생님은 주위를 둘러보며 말했다.

"지금 여기에서 누군가를 기다리는 것 같은 초등학생 세 명은 너희들밖에 없는데?"

"아, 그렇구나."

현이의 말에 서윤이와 민재가 웃음을 터뜨렸다.

"일단 인사부터 할게. 난 백준형이라고 하고, 너희들이 알다시피 지금은 대학병원 수련의야. 인턴이라고도 하지. 너희들에 대해서 선생님께 이야기를 듣긴 했는데, 그래도 소개 좀 해 줄래?"

서윤이와 현이가 머뭇거리는 사이 민재가 먼저 말문을 열었다.

"저는 서민재입니다. 6학년이에요."

"저는 이현이에요. 얘가 어색하다고 해서 같이 왔어요."

현이가 서윤이를 가리키며 말했다. 서윤이가 현이에게 살짝 눈을 흘기고 나서 인사를 했다.

"저는 황서윤이에요. 저도 6학년이에요."

"민재, 현이, 서윤이. 동영상을 만든다고?"

"네. 동영상 동아리 친구들이에요."

현이가 생글생글 웃으며 대답했다.

"이야, 재미있겠다. 나도 동영상 보는 거 좋아하는데…. 그래, 나한테 궁금한 점이 있다고 선생님께 들은 것 같은데?"

"네, 맞아요. 그런데 저는 따라온 거라서, 질문은 얘네들이 할 거예요."

현이가 민재와 서윤이를 가리키며 말했다. 그런데 민재와 서윤이는 머뭇거리기만 할 뿐 쉽게 말을 꺼내지 못했다.

"서민재, 너 궁금한 거 많았잖아. 네가 먼저 물어봐."

현이가 민재에게 말했다. 그러자 민재가 심호흡을 한 번 하더니 말문을 열었다.

"저기, 선생님…."

"아, 아니. 선생님이라고 하지 말고 그냥 형, 오빠라고 불러."

"네, 형. 저는요, 공부를 진짜 못하거든요. 그런데 저도 노력하면 잘할 수 있을까요?"

현이와 서윤이는 눈을 크게 뜨고 의아한 얼굴로 서로를 바라보았다. 이건 민재가 동아리실에서 했던 말과는 전혀 다른 질문이었다.

"공부를 못한다고? 공부를 못한다는 걸 어떻게 알았어?"

"어릴 때 다른 애들보다 한글이나 숫자 같은 것도 늦게 배우고, 학교에서도 다른 애들은 대답도 척척 잘하는데, 저는 대답도 못하고…. 그러니까 공부를 못하는 거잖아요."

"그럼 넌 네가 노력하지 않아서 공부를 못하는 거라고 생각해?"

"저도 노력해야겠다고 생각해서 학습지도 하고, 학원에도 가고 그랬거든요. 그런데 아무리 열심히 한다고 해도 다른 애들은 저보다 더 잘하고 빨리 배우고, 그래서 저는 항상 따라가지 못하고 그래서…."

"네 말 속에 답이 있네."

"네?"

"넌 너만의 속도가 있는 거야. 사람들은 누구나 뭔가를 배우고 익히는 속도가 다 달라. 빠른 친구들도 있고 느린 친구들도 있는 거지. 그렇기 때문에 느린 친구들은 빠른 친구들을 따라가지 못한다고 생각할 수도 있어. 그런데 아까 노력하면 잘할 수 있냐고 물어봤잖아?"

"네."

"잘할 수 있어. 그건 분명해."

"정말요? 어떻게요?"

민재는 의사 선생님 앞으로 몸을 숙이며 물었다.

"너만의 속도로 공부하면 돼. 다른 사람들이 잘하든 못하든 신경 쓰지 말고 네가 하고 싶은 만큼, 할 수 있는 만큼만 공부하면 되는 거야. 아, 이게 도움이 될지는 모르겠는데, 사실 나도 국어책을 초등학교 3학년이 되었을 때 완전히 읽었어."

아이들은 모두 눈이 휘둥그레져서 의사 선생님을 바라보았다.

"놀랍지? 물론 난 환경이 조금 달랐어. 나에게 관심 가져 주고 내 공부를 전적으로 도와줄 사람이 별로 없었거든. 그래도 어쨌든 다른 친구들과 비교해 보면 내가 너무 못하니까, 정말 2학년 때까지는 나도 내가 바보인 줄 알았다니까."

의사 선생님은 웃으면서 이야기를 이어갔다.

"그런데 3학년 때 내가 살던 보육원에 자원봉사자 누나들이 찾아왔어. 대학생 누나들이었는데, 그중 한 누나가 내 공부를 전적으로 맡아서 도와주기 시작했지. 하지만 그때까지 공부를 너무나 못했던 내가 시키는 공부를 고분고분 잘했을 리 없겠지?"

아이들은 고개를 끄덕이며 이야기에 집중했다.

"그때 그 누나가 그랬어. '넌 분명히 할 수 있어. 지금까지 안 했을 뿐이야. 네가 할 수 있는 만큼씩만 꾸준히 하면 돼.' 그 말을 들

는데 나도 모르게 정말로 내가 할 수 있을 거라는 생각이 드는 거야. 게다가 누나가 가르쳐 주는 건 어렵지도 않고, 누나가 내는 문제는 척척 풀 수도 있었지. 물론 그 누나가 나에게 가르쳐 준 게 거의 유치원 수준이긴 했지만…."

"아, 나도 지금 3학년 공부하고 있는데…."

민재가 혼잣말인 듯 아닌 듯 중얼거렸다.

"대신 나는 정말 꾸준히 했던 것 같아. 쉬는 날이나 방학에도 한 번도 안 쉬었어. 사실, 나한테 맞는 쉬운 공부를 하다 보니까 힘든 줄도 모르겠더라. 그러다가 졸업할 때쯤 되니까 다른 친구들과 비슷해졌어. 그러니까 너도 충분히 할 수 있어. 그런데 여기에서 중요한 핵심은 다른 데 있어."

"그게 뭐예요?"

"다른 친구들이 너보다 공부를 잘하는지 못하는지, 다른 사람들이 너의 공부에 대해 뭐라고 얘기하는지 전부 신경 쓰지 말라는 거야."

"네?"

"만약 네가 다른 친구들과 너를 비교하지 않았다면, 그리고 다른 사람들이 하는 말을 듣지 않았다면 네가 스스로 공부를 잘하

는지 못하는지 알 수 있었을까?"

"아니요."

"그러니까 지금부터는 네가 공부를 잘하는지 못하는지 몰라도 된다는 뜻이야. 만약 친구들에게 신경 쓰면 또다시 공부할 마음이 사라질지도 몰라. 넌 그저 너의 공부를 하는 거고, 다른 친구들은 걔네들의 공부를 하는 거야. 다른 친구들의 공부, 주변의 말과 시선에는 모든 신경을 딱 끊고 그냥 너의 공부에만 몰입했으면 좋겠어."

"네."

민재가 대답하자 의사 선생님은 서윤이와 현이를 번갈아 보며 물었다.

"그런데 이 질문이 전부는 아니겠지? 너희들도 궁금한 게 있으면 물어봐."

그러자 현이가 뭔가 생각난 듯 고개를 돌려 민재를 보았다.

"아, 맞다. 민재 너, 동아리에서 했던 말은 왜 안 물어봐?"

"어떤 말이었는데?"

의사 선생님의 질문에 현이가 말했다.

"동아리 활동할 때 민재가 했던 말이 뭐였냐 하면요. 에디슨이

나 아인슈타인 같은 사람들은 어렸을 때 멍청하다는 말도 많이 듣고, 혼도 나고, 학교도 못 다니고 그랬잖아요. 그런데도 엄청나게 노력했다고 그러는데, 어떻게 노력한 건지, 그러니까 어떻게 노력하게 된 건지? 하여튼 그런 게 궁금하다고 그랬는데? 이게 맞나? 야, 서민재. 네가 말 좀 해 봐."

현이가 다급한 얼굴로 민재를 쳐다보았다.

"그게…. 저는 제가 공부를 열심히 하고 싶다가도 학교에서 수업하면 무슨 말인지 잘 모르겠고, 그런데도 다른 애들은 다 대답도 잘하고…. 그래서 그냥 어차피 난 해도 안 된다는 생각만 들고, 다 포기하고 싶었거든요. 저희 엄마랑 아빠도 너도 잘할 수 있다고 말씀해 주시는데, 학교에 가면 그 말도 다 까먹는단 말이에요. 하여튼, 그런데 에디슨이나 아인슈타인 같은 사람들은 포기하지 않고 노력했다고 하는데, 어떤 이유로 포기하지 않았는지, 어떻게 노력하겠다는 마음을 먹을 수 있었는지 그게 궁금해요."

민재가 천천히, 그렇지만 차분하게 말했다.

"음, 내가 선생님께 들었던 이야기가 바로 그 얘기였구나?"

"우리 선생님이 말씀하셨어요?"

현이가 물었다.

095

"응. 너희들끼리 동아리 시간에 했던 얘기를 선생님께 전해 들었거든. 그래서 나도 준비한 얘기가 있긴 한데, 이게 좀 긴 얘기일 수도 있어. 괜찮겠어?"

아이들은 고개를 끄덕였다. 서윤이는 샤프를 꺼내 적을 준비부터 했다.

"너희들도 모두 알겠지만 난 부모님이 안 계시고, 아기 때부터 보육원에서 자랐어. 사실 학교에 가지 않았을 때는 내가 스스로 다른 아이들과 다르다는 걸 잘 몰랐어. 내 주변에 있는 아이들은 다들 나와 같았으니까."

아이들은 의사 선생님의 이야기에 점점 빠져들었다.

"그런데 학교에 가고 나니까 얘기가 달라지더라고. 부모님이 계신 아이들과 함께 학교생활을 하게 되면서 자연스럽게 나는 다른 아이들과는 다르다는 걸 알게 됐지. 그리고 아까 말했던 것처럼 바보에 가까운 어린 시절을 보냈어."

아이들은 꽤나 심각하게 의사 선생님의 이야기를 들었다.

"그런데 되돌아보면 그때 난 스스로 내가 바보라고 생각했던 건 아니었던 것 같아. 친구들, 선생님, 그리고 또 다른 어른들이 알게 모르게 나에게 내가 바보라는 신호를 보내고 있었던 거지."

"신호요?"

현이가 고개를 갸웃거리며 물었다.

"응, 신호. 그 신호 이야기는 좀 있다가 또 해 줄게. 하여튼 그러다가 아까 말한 대학생 누나를 만났고, 그 누나 덕분에 바보에서 탈출할 수 있었어. 그럼 내가 성적이 좋아지면서 나를 향한 신호들이 다르게 바뀌었을까?"

"네, 바뀌었을 것 같아요."

서윤이가 대뜸 대답했다. 하지만 의사 선생님은 고개를 절레절레 저었다.

"아니야. 내가 성적이 눈에 띄게 좋아지기 시작했을 때 가장 많이 들었던 이야기는 '쟤 커닝한 거 아니야?'였어."

"아, 너무 나쁘다."

현이가 인상을 찌푸리며 중얼거렸다.

"그래서 화가 나서 더 이를 악물고 공부했어. 물론 내가 그럴 때마다 그 누나가 정말 열심히 도와주기도 했지. 그렇게 중학생이 되고 고등학생이 되고…. 그럴 때마다 나를 따라다녔던 말이 '고아인데 공부는 꽤 잘하는 애'였어. 거기에 굉장히 안쓰러워하는 시선은 덤이었고…. 그러다가 대학교 갈 때가 되었고, 나는 사회

적배려대상자 전형으로 의과대학에 입학했어."

"사회적배려대상자 전형이 뭐예요?"

의사 선생님의 말을 유심히 듣던 서윤이가 물었다.

"음…. 대학교에 들어갈 수 있는 방법은 여러 가지가 있어. 너희도 수시입학, 정시입학, 이런 말은 들어봤지?"

아이들은 고개를 끄덕였다.

"사회적배려대상자 전형은 말 그대로 나와 같은 아동복지시설 출신 학생이라든가 다문화 가정 학생, 소년 소녀 가장처럼 사회적으로 배려해 줘야 할 사람들이 응시할 수 있는 특별전형이야."

선생님은 잠시 숨을 돌리고 다시 말을 이어갔다.

"그렇게 대학교에 입학한 뒤에 내가 가장 먼저 했던 생각은 누구에게도 내가 고아라는 사실을 말하지 말자는 거였어. 그래서 난 굉장히 말이 없는 과묵한 사람이 되어 버렸지. 그런데 2학년 때 나도 예상하지 못했던 일이 생긴 거야. 내가 사회적배려대상자 전형으로 입학했다는 소문이 난 거지."

"사회적배려대상자 전형이라는 소문이 나면 안 좋아요?"

서윤이가 고개를 갸웃거리며 물었다.

"사회적배려대상자 전형은 뽑는 인원도 적고 응시하는 사람도

많지 않아. 경쟁률이 좀 낮은 셈이지. 그래서 특별전형으로 입학했다고 하면 좀 쉽게 대학교에 들어왔다고 생각하는 경향이 있거든.”

“대체 누가 소문을 낸 거예요?”

현이가 발끈하며 물었다.

“그건 지금까지도 몰라. 어쨌든 가장 친한 친구라고 생각한 녀석이 사실이냐고 묻는데 차마 거짓말은 못하겠더라고. 그래서 맞다고 했더니 왜 사회적배려대상자냐고 또 물어보는 거야. 그래서 말했지. 사실은 보육원에서 자랐다고…….”

“아…….”

세 명 모두 안타깝다는 듯 한숨을 쉬었다.

“그 친구가 소문을 냈다고 생각하지는 않지만, 어쨌든 난 친구들이 나를 대하는 게 달라지고 있다는 걸 느꼈어. 그러다 보니 친구들이 모여서 얘기만 해도 혹시 내 얘기를 하는 게 아닐까 불안해지고, 또 날 불쌍하게 생각하거나 무시하는 게 아닐까 싶어서 친구들의 친절도 싫어지더라고. 그렇게 자꾸 신경 쓰고, 불안해하다 보니까 머릿속은 늘 혼란스럽고 공부에 집중도 안 되고, 당연히 성적도 조금씩 떨어졌어. 이러다 의사는커녕 공부도 그만둬야 하는 게 아닐까 싶을 정도로. 그 와중에 다른 아이들이 '역시 사회

적배려대상자 전형으로 들어와서 성적도 저 모양이구나'라고 손가락질할까 봐 그것도 무섭더라고. 한마디로 모든 게 엉망진창이어서 미쳐 버릴 지경이었던 거지."

아이들은 손까지 모으고 이야기에 집중했다.

"그런데 그 무렵, 공부를 도와줬던 자원봉사자 누나와 다시 연락이 닿았어. 그 누나는 대학원을 졸업하고 유학을 갔었거든. 누나는 내가 의과대학에 다니고 있다는 걸 알고 눈물까지 흘리면서 너무 기뻐했어. 그렇게 누나를 만나 이런저런 이야기를 하다가 그때 내 상황에 대한 이야기까지 털어놨지. 그런데 그때 누나가 내 인생을 바꾸어 놓은 말을 해 준 거야."

"무슨 말이에요?"

현이가 묻는 사이 서윤이는 얼른 받아 적을 준비를 했다.

"부정신호를 차단하라는 거였어."

"아, 아까 말했던 신호!"

현이가 눈을 동그랗게 뜨고 말했다.

"맞아."

의사 선생님이 현이를 바라보며 고개를 끄덕인 뒤 말을 이어 갔다.

"그러니까 나를 향하는 모든 부정적인 신호들, 이를테면 나를 향한 비난이나 불편한 시선 같은 걸 완전히 못 보고, 못 들은 것처럼 차단해 버리라는 거야. 그리고 내가 해야 할 일에만 전념하라고 말해 준 거지. 내가 어릴 때 주변 상황에 신경 쓰지 않고 내가 할 수 있는 만큼의 공부만 했던 것처럼 말이야."

"아, 어렵다."

현이가 혼잣말처럼 중얼거렸다.

"맞아. 이게 쉬운 것 같은데 막상 해 보면 참 어려운 일이거든. 그렇지만 그 누나만큼은 나에게 진심으로 조언해 줄 사람이라는 걸 알았기 때문에 늘 누나 말을 머릿속에 새기고 있었던 것 같아. 그래서 정말 그때부터는 날 불편하게 했던 모든 것들을 완전히 차단했어. 그리고 마치 산을 오르는 것처럼 차근차근 내가 해야 할 공부를 다져 나가기 시작했지. 그러다 보니까 어느새 내가 꼭대기에 있더라고, 하하하."

의사 선생님은 웃었지만 아이들은 웃지 못했다.

"아, 다들 얼굴이 왜? 내가 너무 공부 이야기만 했나?"

"아니, 그게 아니고요. 제가 궁금했던 것과 어떤 상관이 있는지 생각하고 있었어요…."

민재의 말에 의사 선생님은 잠시 생각하더니 다시 이야기를 시작했다.

"그러니까, 사실 나도 에디슨이나 아인슈타인이 어떤 계기로 노력해야겠다고 생각했는지 몰라. 그렇지만 그 사람들이 멍청하다는 말, 못한다는 말에 신경 쓰고 흔들렸다면 그렇게 위대한 사람이 될 수 없었을 것 같다는 생각이 들어. 내가 주변의 부정신호를 차단했듯이, 그 사람들도 그런 부정적인 신호에 흔들리지 않고 그저 자기가 할 일에 완전히 몰입하지 않았을까, 뭐 그런 생각이 들어. 그러니까 꼭 노력해야겠다고 다짐했다기보다 그냥 주변 무엇에도 신경 쓰지 않고 자기 할 일만 한 거지."

"아까 했던 이야기랑 비슷한 것 같아요."

현이가 뭔가 발견이라도 한 듯 손바닥을 마주치며 말했다.

"아까 민재한테 다른 사람이 공부를 잘하든 못하든 신경 쓰지 말라고 했잖아요. 비교도 하지 말라고 했고요. 그거랑 부정신호를 차단하라는 말이랑 비슷한 거 아니에요?"

"맞아. 현이가 얘기를 정확하게 들었네."

"부정신호에 흔들리지 않고 자기 일에 몰입했다…."

서윤이가 중얼거리면서 공책에 한 글자씩 적어 나갔다.

"그런데 그게 나중엔 순서가 바뀌더라. 처음엔 부정신호를 차단하느라 몰입했는데, 나중엔 하는 일에 몰입하다 보니 부정신호에 신경 쓸 틈이 없더라고. 그 정도되니까 내가 몰입했던 공부 결과도 좋아지고…."

"그런데요. 그 몰입이, 어느 정도여야 돼요?"

민재의 물음에 의사 선생님은 아이들을 둘러보며 물었다.

"너희들 혹시 아이돌 가수 좋아하니?"

"꺄아, 그럼요!"

현이가 박수까지 치며 좋아했다.

"얼마 전에 들은 노랜데, 방탄소년단의 노래 가사 중에 '미치지 않으려면 미쳐야 해'라는 가사가 있더라고."

현이는 흥얼흥얼 노래까지 불렀다.

"그 가사를 듣는데 머릿속에서 뭔가 번쩍 하더라. 꼭 내 모습 같았거든. 주변의 온갖 말과 시선에 미쳐 버리지 않기 위해 내가 하는 일에 미쳐 있었던 내 모습…. 말 그대로 뭔가에 미쳐 있다는 생각이 들 정도로 몰입했던 것 같아."

"아, 미쳐 있다…."

민재는 입까지 벌리고 의사 선생님을 바라보았다.

"재미없지?"

"아뇨. 진짜 재미있어요."

현이가 두 손을 내저으며 말했다.

"그래? 재미있다니까 다행이다."

의사 선생님이 미소를 지으며 말했다. 그때 서윤이가 조심스럽게 말문을 열었다.

"저…. 궁금한 게 있는데요."

"응, 물어봐."

"어른들은 우리한테 좋은 말 말고 쓴소리도 잘 들어야 한다고 하시잖아요. 부정적인 말을 차단하라고 했는데, 그러면 혼날 때 듣는 말도 다 차단해야 되나요?"

의사 선생님은 서윤이를 바라보며 차분히 말을 이었다.

"그건 구분이 필요해. 듣기 싫은 말이 다 부정신호는 아니거든. 이를테면, 너희들 공부하라는 말 별로 안 좋아하지?"

아이들은 크게 웃었다.

"그런데 엄마들이 '공부 좀 해'라고 말하는 거랑 누군가가 '공부도 못하는 게…'라고 말하는 것엔 어떤 차이가 있을까?"

"'공부도 못하는 게'가 훨씬 기분 나쁜데요?"

현이가 콧잔등을 씰룩이며 말했다.

"하하하, 맞아. 엄마가 말하는 '공부 좀 해'라는 말에는 너희들이 공부를 조금 더 열심히 해서 좋은 성과를 얻고, 더 멋진 어른으로 자라길 바라는 마음이 담겨 있어. 그렇지만 '공부도 못하는 게…'는 그냥 비난이거든. 상대를 무시하고 조롱하려는 비난. 둘 중 어떤 게 부정신호일까?"

"두 번째죠."

민재가 손가락 두 개를 펼쳐 보이며 말했다.

"그러니까 두 번째 말은 어떻게 해야 돼?"

"차단이요."

또다시 민재가 대답했다.

"그렇지."

의사 선생님과 민재의 대화가 오가는 동안 서윤이의 머릿속에 문득 떠오르는 것이 있었다. 바로 혜나였다. "나보다 공부도 못하면서…", "잘하는 게 그것밖에 없잖아"라고 쏘아붙였던 말들, 늘 머릿속을 뱅뱅 돌며 괴롭히던 그 말들이야말로 아무 이유 없이 서윤이를 무시하고 조롱하려는 비난이었다. 그래서였을까? 서윤이는 자기도 모르게 공책 귀퉁이에 혜나의 이름을 끼적이고 있었

다. 그때 갑자기 현이가 손을 들면서 말했다.

"저도 질문 있는데요."

"아니, 뭘 손까지 들어? 학교도 아닌데…."

의사 선생님이 음료수를 마시며 웃었다.

"저는 친구? 하여튼 뭐 같은 반 애가 한 명 있는데요. 얘가 저하고 4학년 때도 같은 반이었거든요. 그때 저랑 학원도 같이 다니고 엄청 친했는데…."

서윤이가 고개를 돌려 현이를 쳐다보았다. 현이는 서윤이의 시선은 신경도 쓰지 않고 이야기를 줄줄 이어나갔다. 현이의 입에서 나오고 있는 이야기는 분명 서윤이와 혜나의 이야기였다.

"아이고, 저런…. 마음이 많이 상했겠네. 그런데 내 말 잘 들어 봐. 아까 민재한테 공부 못하는 걸 어떻게 알았냐고 물었을 때, 다른 친구들보다 못하니까 그렇다고 대답했잖아. 반대로 공부 잘하는 친구들은 늘 다른 친구들보다 자기가 더 잘한다고 생각한단 말이야. 그런데 그렇게 공부를 잘하는 친구들도 혼자 뚝 떨어뜨려 놓고 공부하게 하면 성적이 잘 오르지 않아. 왜냐하면 그 친구들은 자신보다 못한 친구들과 경쟁해서 이겨야 자신들이 잘한다는 생각을 하거든."

"아, 되게 별로예요."

현이가 인상을 찌푸리며 말했다.

"그 말은 곧, 그 친구들은 자신보다 못한 친구를 보면서 우월감을 느끼고, 그 우월감을 바탕으로 더 잘한다는 거지. 아, 이건 하버드대학교 교수가 연구한 결과이기도 해."

아이들은 새로운 사실에 흥미를 느끼며 의사 선생님의 말에 집중했다.

"아마 현이 친구도 현이를 도와주면서 스스로 우월감을 느꼈을 거야. 그런데 이게 웬일이야? 현이가 나만큼, 또는 나보다 잘하네? 그러면 자신의 우월감이 와르르 무너지면서 기분 나빠지는 거지."

"오오!"

현이가 바로 그거라는 듯 박수까지 치며 공감했다.

"그런데 그 친구 참 재미있는 부분도 있네. 영상 만들어서 상 받는 걸 보고 '잘하는 게 그것밖에 없잖아'라고 그랬다고? 다른 건 몰라도 영상 잘 만드는 건 인정한 거 아니야?"

"아, 정말 그러네요."

현이가 환하게 웃었다.

"그러니까 그 말만 들으면 돼. 나머지 말들, 공부를 못한다거나, 영상 말고 다른 건 잘하는 게 없다거나 하는 말은 그냥 비난이잖아. 내가 아까부터 얘기했던 부정신호. 그건 그냥 차단하면 돼."

"우와, 그러면 엄청 약 오르겠다."

의사 선생님은 현이의 말에 검지손가락을 옆으로 흔들었다.

"아니, 아니. 그 친구가 약이 오르든 말든 그것도 신경 쓰지 않았으면 좋겠어. 그냥 차단하고 내 할 일에 더 집중하고 몰입한다는 생각만 했으면 좋겠어."

의사 선생님의 말이 끝나자 현이가 고개를 돌려 서윤이에게 속삭였다.

"잘 들었지?"

서윤이는 현이를 향해 살짝 눈을 흘겼다. 의사 선생님은 그저 웃기만 할 뿐, 현이와 서윤이에게 별다른 말을 하지 않았다.

"이제 궁금했던 게 조금은 해결됐어?"

의사 선생님의 질문에 현이가 고개를 끄덕이며 말했다.

"선생님이 왜 의사 오빠를 만나 보라고 했는지 알겠어요."

"그래? 도움이 됐다면 정말 다행이다."

"바쁘신데 시간 내주셔서 정말 감사해요."

109

서윤이가 말하자 의사 선생님이 눈을 찡긋거렸다.

"그 말, 엄마가 가르쳐 주신 거지?"

"어떻게 아셨어요?"

뜻밖의 질문에 서윤이가 깜짝 놀라 물었다.

"내가 지금 소아과에서 인턴을 하고 있는데, 아이들이 하는 예쁜 말들은 모두 부모님이 가르쳐 주신 말들이더라고. 그걸 보면서 '아, 부모님은 아이들에게 늘 저렇게 가르침을 주시는 분들이구나'라고 생각했어."

아이들은 할 말이 없었다. 의사 선생님의 그 말에 숨은 뜻을 알 것 같았기 때문이다.

"다들 오늘 반갑고, 또 재미있었어. 혹시 더 궁금한 게 생기면 선생님 통해서 연락해 줘. 그럼, 다음에 기회 되면 또 만나자."

의사 선생님은 천천히 자리에서 일어서며 말했다. 아이들도 따라 일어서서 인사를 했다.

"정말 대단한 것 같아. 뭔가 신기하기도 하고…."

집으로 돌아오는 길, 뭔가 한참을 생각하던 현이가 서윤이에게 말했다.

"맞아. 그 오빠 정말 대단하지?"

"아니, 아니. 그 오빠 말고 서민재."

"뭐? 왜?"

서윤이가 깜짝 놀라 물었다.

"난 처음에 걔가 막 이상한 질문을 해서 쟤가 왜 저러나 싶었거든."

"맞아."

"그런데 그 질문의 답이 걔가 원래 궁금해했던 그 복잡한 질문의 답이랑 이어지는 거였잖아."

"맞네."

서윤이도 맞장구를 쳤다.

"천재인가?"

현이는 도무지 영문을 모르겠다는 듯 어깨를 으쓱였다.

어렵게 내딛은 첫발

6

집에 온 서윤이는 책상에 앉아 공책을 펼쳤다. 그리고 오늘 나누었던 이야기들 중 혹시라도 빼놓고 적지 않은 것이 있는지 확인했다. 그때 아빠가 서윤이의 방문을 살짝 열고 말했다.

"서윤아, 밥 먹자."

서윤이는 공책을 펼쳐 놓고 주방으로 갔다.

"오늘 의사 선생님 만난 건 어땠어?"

엄마가 식탁 의자를 당겨 앉으며 물었다.

"완전, 진짜 대단한 분이에요."

서윤이는 엄지손가락을 치켜올렸다.

"그래? 어떤 분이었는데?"

아빠의 질문에 서윤이는 오늘 있었던 일과, 함께 나누었던 이야기들을 죽 늘어놓았다.

"부정신호를 차단한다? 그건 나도 귀담아 들어야 될 이야기네."

아빠가 진지한 표정으로 말했다. 엄마 역시 고개를 끄덕였다.

"아빠도요?"

"응. 어른들도 엄청나게 많은 부정신호에 흔들리기도 하고, 자기도 모르게 누군가에게 부정신호를 주기도 하니까. 그런데 그 친구는 참 대단하네. 부정신호를 완전히 차단한다는 게 쉽지 않은 일이었을 텐데…."

"맞아. 나도 학생들 많이 만나 보면서 참 안타까웠던 것 중 하나가 그거였거든. 아이들이 생각보다 다른 사람들의 말이나 행동, 시선에 많이 흔들려. 그럴 때마다 나도 늘 '남들의 생각이나 시선은 중요한 게 아니다. 그런 것에 흔들리지 말고 네가 할 일을 열심히 하면 좋은 성과를 얻을 수 있고, 자신감도 얻을 수 있다'고 말하는데, 그 말을 마음으로 받아들이는 친구들은 몇 없거든. 대부분은 '네, 그렇게 할게요'라고 말하지만, 얼마 안 가서 또 흔들리더라고. 그러니까 그 의사 선생님이 정말 대단한 거지."

엄마 아빠도 서윤이와 비슷한 감정을 느낀 것 같았다. 엄마 아빠의 대화는 마치 서윤이 자신에게 하는 말 같기도 해서 서윤이는 깊은 생각에 잠겼다.

어느 새 푹푹 찌는 여름방학이 다가왔다. 그렇지만 서윤이도 동아리 친구들도 방학을 즐길 여유가 없었다. 공모전 작품 접수 달이 9월인데, 그때까지 완성하려면 방학 내내 영상에 매달려야 했기 때문이다.

그런데 사실 서윤이는 지금, 더운 날씨도 방학도 아무 문제가 아니었다. 서윤이의 진짜 문제는 시나리오가 잘 떠오르지 않는다는 점이었다. 아이들은 서윤이의 시나리오만 기다리고 있는데, 막상 시나리오를 쓰려고 하면 머릿속에서 여러 가지 이야기들이 삐죽삐죽 튀어나오기만 할 뿐 가지런하게 정리되지 않았다.

"흠, 이런 적은 처음이라고?"

결국 서윤이는 선생님께 도움을 요청했고, 선생님은 서윤이보다 더 심각한 표정으로 이야기를 들어주었다.

"보통은 오래 걸려도 일주일이면 다 썼거든요. 그런데 벌써 2주가 넘어가도록 아무것도 못 쓰겠어요."

"어떤 내용으로 써야 할지는 아이들과 의논하면서 나왔고, 또 의사 선생님이랑 만나서 좋은 답변도 들었다고 했잖아. 그런데 왜

그럴까?"

"그 내용들은 지금까지 수십 번도 더 적어 놓고, 읽고, 생각해서 잘 알고 있는데요. 첫 장면부터 막혀요. 어떻게 써야 할지 모르겠어요. 그냥 머릿속이 복잡해요."

"서윤아, 너무 잘 쓰고 싶어서 그러는 것 아니야?"

"네?"

"아무래도 공모전에 나가기까지 과정도 길었고, 공모전 규모도 크고, 그러다 보니까 다른 아이들도 더 멋진 시나리오를 기대하는 것 같고. 그런 것들 때문에 네가 너무 부담을 느끼는 건 아닐까?"

선생님의 말 한마디 한마디가 서윤이의 머릿속을 쾅쾅 울리는 것 같았다. 자신도 모르고 있던 자신의 생각을 정확하게 꿰뚫은 선생님 말씀에 서윤이는 대답도 못한 채 멍하니 선생님 얼굴만 바라보았다.

"그런데 서윤아, 그런 생각은 전혀 할 필요가 없어."

선생님은 두 손을 휘휘 내저었다.

"지금 우리에게 중요한 건 뭘까? 멋진 스토리? 화려한 영상? 아니잖아. 우리에게 가장 중요한 건 영상을 보는 사람들에게 전하고 싶은 말, 그러니까 메시지란 말이지."

"메시지…."

서윤이가 나지막하게 중얼거렸다.

"그러니까 쉽게 생각해. 부담 갖지 말고 편하게. 우리가 전하려는 메시지가 무엇인지, 그걸 어떻게 보여 줄 것인지에만 집중해 보자."

"쉽게요?"

"그렇지. 그리고 '친구들이 더 좋은 시나리오를 기대하고 있을 텐데…'라고 생각하면서 부담 가질 필요도 없어. 다른 무엇보다 네 생각이 가장 중요해. 네 스스로 최선을 다했다면 다른 고민은 하지 않아도 돼. 알았지?"

선생님은 환하게 웃으며 말했다. 서윤이도 선생님을 바라보며 미소를 지었다.

집으로 돌아온 서윤이는 공책을 펼쳐 놓은 채 한참 동안 가만히 앉아 있었다. 그리고 그동안 아이들과 했던 이야기, 의사 선생님에게 들었던 이야기, 선생님과 나눈 이야기들을 하나씩 돌이켜 생각해 보았다.

'다른 사람들로부터 전혀 인정받지 못했던 어린 시절, 남들의 부정적인 시선이나 말을 차단하고 자신이 하고 싶은 일에만 몰입,

꿈을 이룬 사람들, 메시지를 잘 전달할 수 있는 시나리오….'

머릿속으로 몇 번이고 되뇌며 생각하던 어느 순간이었다.

"아!"

서윤이는 저도 모르게 탄성을 지르며 컴퓨터 전원을 켰다. 그리고 생각나는 여러 인물을 검색해 보았다. 키가 작은 농구선수, 장애인 의사, 흑인 프리마돈나…. 그러고는 그들이 어떻게 한계를 딛고 그 자리까지 갈 수 있었는지, 여러 기사와 백과사전 등을 찾아보았다.

다음 날, 서윤이와 현이는 청소년 문화의 집으로 향했다. 방학 동안에는 학교에 갈 수 없기 때문에 선생님이 일주일에 두 번 세미나실을 사용할 수 있도록 미리 신청해 두었다고 했다. 세미나실로 들어서니 선생님과 민재가 먼저 와서 기다리고 있었다.

"시나리오는 쓰기 시작했어?"

"네."

선생님의 질문에 서윤이는 웃으며 대답했다.

"표정을 보니까 이제 문제점이 해결된 모양이네."

"조금요."

"그래. 좀 있다가 아이들 오면 같이 얘기해 보자."

잠시 뒤, 아이들이 하나둘씩 콧잔등에 맺힌 땀을 닦으며 들어왔다. 선생님은 한쪽 구석에 놓인 보냉 가방에서 음료수를 꺼내 아이들에게 하나씩 나누어 주었다.

"얘들아, 기쁜 소식이야. 드디어 서윤이가 시나리오를 쓰기 시작했대."

"와우! 오오오!"

선생님 말씀에 아이들은 일부러 더 과장스럽게 환호를 보냈다.

"오늘은 서윤이가 시나리오에 대해 이야기할 거고, 그 내용을 바탕으로 일정을 짜야 할 것 같아. 그럼 서윤이가 먼저 이야기해 볼까?"

서윤이는 공책을 펼쳐 놓고 아이들에게 시나리오에 대해 설명했다. 아이들은 때로는 웃으며, 때로는 고개를 끄덕이며 서윤이의 이야기에 귀를 기울였다.

"자, 다들 어땠어?"

"저는 좋아요."

연우가 말하자 다른 아이들도 모두 동의했다.

"아우, 저는 일단 시나리오부터 보고 싶어요. 너무 오래 기다렸잖아요."

치훈이가 책상 위로 턱을 괴고 엎드리며 말했다. 선생님이 웃으며 서윤이를 바라보았다.

"서윤아, 시나리오 언제까지 완성될 것 같아?"

"시나리오랑 콘티 모두 이번 주에는 될 것 같아요."

"그럼 완성되는 대로 선생님한테 메일로 보내 줘. 선생님이 인쇄해서 가지고 올 테니까."

"네."

"그럼 촬영은 콘티 보면서 정하면 되겠다. 뭐, 늦어도 2주 뒤에는 시작해야 할 것 같으니까 마음의 준비 단단히 해."

"네!"

아이들이 우렁차게 대답했다.

집에 돌아온 서윤이는 컴퓨터를 켜고 어제 썼던 시나리오를 이어서 써 나갔다. 아이들이 모두 동의했으니 이제 생각한 대로 마음껏 쓰기만 하면 된다. 그런데도 이상하게 한 줄, 한 줄, 아니, 한 글자, 한 글자를 쓸 때마다 지금 쓰고 있는 이 글이 그대로 영상이 되어도 좋을지, 영상을 보는 사람들에게 이 메시지가 잘 전달될지, 이 단어는 과연 이 상황에 가장 알맞은 단어인지 자꾸 생각하고 머뭇거려졌다. 지금까지 시나리오를 쓰면서 이렇게 오래 고민

하는 건 처음이었다.

"잘되고 있는 거야?"

엄마가 서윤이의 방문을 살짝 열고 물었다.

"아, 힘들어요."

서윤이가 의자 등받이에 기대며 말했다.

"저런, 뭐가 그렇게 힘들까?"

엄마가 방으로 들어와 컴퓨터 화면을 들여다보았다. 서윤이는 시나리오를 쓰면서 생각한 것들을 하소연하듯 말했다.

"서윤아, 뭐 떠오르는 것 없니?"

엄마는 미소를 지으며 물었다. 서윤이는 영문을 모르겠어서 고개만 갸웃거렸다.

"너 지금 선생님이랑 처음 동아리 활동할 때 엄청나게 불평했잖아. 매일 투덜거리고…."

"네."

"그게 다 선생님이 너희를 성장시키려고 그랬던 것 같아."

"성장시킨다고요?"

엄마는 고개를 끄덕였다.

"지금 네가 쓴 시나리오 보니까 작년보다 훨씬 성숙해졌거든.

쉽게 쓰는 게 아니라, 많이 생각하면서 쓰고 있는 것 같아."

"정말요?"

"응. 그래서 왜 그럴까 생각해 봤는데, 너희 선생님께서 너희들에게 꾸준히 질문하고, 왜 동영상을 만들 때 신중해야 하는지 이야기해 주셨잖아. 너도 모르는 사이에 그 말씀들을 고민하면서 쓰고 있는 것 같아. 그게 글에서 보여."

엄마의 말씀을 듣고 보니 정말 그런 것 같았다.

"선생님이 정말 멋지시네. 너희들에게 긍정신호를 주고 계시는 거잖아."

"이런 게 긍정신호예요?"

"너희들이 더 발전하고 성숙해질 수 있도록 신호를 주신 거니까, 긍정신호가 맞는 것 같은데?"

약간 알쏭달쏭하긴 했지만, 서윤이도 엄마 말씀이 맞는 것 같았다.

"그리고 시나리오 쓰면서 고민하는 건 너무 당연한 거야. 너희들끼리만 보는 게 아니라 다른 사람들에게 메시지를 전하는 영상을 만드는 거잖아. 그러니까 너무 힘들다 생각하지 말고 즐겨 보자. 분명히 오래 고민한 만큼 좋은 시나리오가 써질 테니까."

"휴, 네."

"어허, 한숨 쉬지 말고! 그럼 파이팅!"

엄마는 서윤이의 어깨를 한 번 주물러 준 뒤 방을 나갔다. 서윤이는 다시 컴퓨터 화면으로 눈을 돌렸다. 전보다 훨씬 많이 생각하고 쓴 건 사실이지만, 겨우 글 몇 줄을 읽고 엄마가 저렇게 금세 알아채리라고는 생각도 못했다. 신기하기도 했지만, 한편으로는 조금 무섭기도 했다. 그래서였을까? 고민은 끊이지 않았고, 시나리오를 쓰는 속도도 더디기만 했다.

한 주가 지났다. 동아리 아이들이 세미나실에 모이자 선생님은 시나리오와 콘티를 나누어 주었다. 오랜 고민 끝에 완성한 시나리오였지만, 막상 기대에 찬 표정으로 시나리오를 읽는 아이들을 보니 서윤이는 살짝 긴장이 됐다.

잠시 뒤, 시나리오를 다 읽은 아이들이 웅성대며 이야기하기 시작했다.

"자막이랑 사진 나오는 부분 말고는 전부 촬영해야 되는 거지?"

"응. 근데 조금 넓은 장소에서 해야 될 것 같아. 어디에서 하지?"

"그리고 연기할 사람 정해야 돼."

"맞아. 표정 연기 완전 잘하는 애가 해야 되는데…."

그때, 선생님이 아이들을 향해 말했다.

"어때? 시나리오나 콘티에 고쳤으면 하는 부분은 없어?"

"그런 건 없는데요. 혹시 여기 영상에 나오는 벽 말이에요. 저희가 만들어야 되는 거예요?"

연우가 콘티를 가리키며 물었다.

"콘티에는 총 네 개의 벽이 필요하다고 되어 있는데, 따로따로 찍어서 편집하면 되니까 하나만 만들면 될 것 같아. 혹시 만들기 힘들면 선생님도 같이 할게."

"아니에요. 다른 소품이 많이 필요한 게 아니라서 충분히 할 수 있을 것 같아요."

"그래. 연우랑 민영이는 소품도 중요하지만, 각 장면의 특징을 잘 기록해야 한다는 것도 잊지 말고…."

"네."

연우와 민영이가 활기차게 대답했다.

"좋아. 초반부에는 자막이랑 사진이 많이 나오니까 이건 서윤이랑 현이가 하고, 민영이랑 연우는 소품 만들기부터 해야겠다. 그리고 민재랑 치훈이는 다음 주 월요일부터 본격적으로 촬영하는 걸로. 그런데 연기자가 한 명 있어야 하는데, 이건 누가 할까?"

아이들은 서로의 얼굴을 바라보며 눈치를 살폈다.

"저는 민영이가 했으면 좋겠어요. 전에 했던 경험도 있고."

현이의 말에 다른 아이들도 모두 민영이를 바라보았다.

"민영이 생각은 어때?"

선생님의 물음에 민영이가 수줍게 웃으며 고개를 끄덕였다.

각자 할 일이 정해지고, 같은 일을 맡은 아이들끼리 좀 더 의논한 뒤에 동아리 모임은 끝이 났다.

며칠 뒤, 서윤이와 현이는 학원 수업이 끝난 뒤 현이네 집으로 갔다. 두 사람은 컴퓨터를 켜고 마주앉았다.

"일단 난 자막 내용이랑 글자 크기, 글자 모양 같은 것부터 시작할게."

"그래. 난 화질 좋은 사진부터 찾아봐야겠다."

각자 맡은 일을 하는 동안 둘은 잡담 한마디 나누지 않았다. 예전에도 이렇게 매일 만나 준비했지만, 이번에는 전과는 비교할 수 없을 정도로 진지했다.

며칠이 지나고, 서윤이와 현이는 청소년 문화의 집이 아닌 학교로 향했다. 촬영할 만한 넓은 장소가 운동장밖에 없어서 선생님이 며칠 동안만 학교에서 촬영할 수 있도록 허락을 받았기 때문이다.

"이야, 저게 뭐야?"

운동장에 들어서자마자 현이가 큰 소리로 외치며 서윤이를 쳐다보았다.

"얼른 가 보자."

서윤이가 빠른 걸음으로 앞서 걸어갔다.

운동장에는 삼각대와 카메라, 마이크가 설치되어 있었는데, 모두 전에는 보지 못한 멋진 장비들이었다. 민재와 치훈이는 장비들을 조작해 보느라 정신이 없었다.

"이게 다 뭐예요?"

현이가 장비들을 살펴보며 선생님에게 물었다.

"선생님이 아끼던 녀석들인데 너희들한테 빌려주기로 했어."

"선생님, 영상도 찍으셨어요?"

"아니, 그럼 내가 영상도 찍을 줄 모르면서 지도 선생님이 된 줄 알았어?"

"네."

현이가 멍한 얼굴로 대답하다가 화들짝 놀라 손사레를 쳤다.

"아, 아니요. 그게 아니라….'

선생님이 크게 웃으며 민재와 치훈이에게 다가갔다.

129

"어때? 잘할 수 있겠어?"

"자세히 보니까 알겠어요. 전에 썼던 카메라랑 비슷한 부분도 많아요."

민재가 여전히 카메라를 만지작거리며 말했다.

"그래. 만약 모르겠으면 바로바로 물어봐."

"네."

"자, 그럼 다들 자리 잡자. 얼른 찍어야지."

선생님이 손뼉을 치며 아이들에게 말했다. 아이들은 재빨리 자기 자리를 찾아갔다. 치훈이가 큰 목소리로 "액션!"을 외치면서 촬영은 시작되었다.

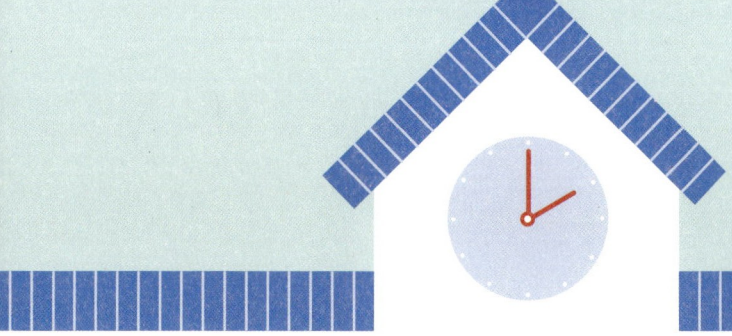

어느새 여름방학이 지나갔다. 개학을 했지만 사실 서윤이는 특별한 느낌이 없었다. 방학 내내 영상을 찍느라 학교 다닐 때만큼 몸도 마음도 바빴기 때문이다.

영상은 현이가 편집만 하면 완성이었다. 중간에 몇 장면 촬영만 추가되었을 뿐, 모든 일은 물 흐르듯 순조롭게 진행되었다.

며칠 뒤, 동아리실에 모인 아이들은 모두 함께 완성된 동영상을 관람했다. 아이들은 숨소리 한 번 크게 못 내고 화면에만 집중했다.

"어땠어?"

동영상이 끝난 뒤, 선생님이 아이들을 보며 물었다.

"장비가 좋아서 그런지 화질이 진짜 좋아요."

"생각했던 것보다 훨씬 더 감동적이에요."

"재미도 있어요. 애들 연기하는 거 너무 웃겨요."

"자막 날아와서 꽂히는 것도 재미있었어요."

아이들은 신이 나서 한마디씩 감상을 말했다.

"그래? 그런데 혹시 고쳐야 할 부분은 없을까?"

"한 번만 더 보면 안 돼요? 좀 더 자세히 봐야 할 것 같아요."

민영이의 제안에 선생님은 영상을 한 번 더 보여 주었다. 처음엔 숨죽이고 보기만 하던 아이들이 이번에는 공책에 메모까지 하면서 꼼꼼하게 살펴보았다.

"자막 속도가 좀 빨라요."

"사진이 나올 때 화면이 좀 밝았으면 좋겠어요."

아이들은 자신의 의견을 하나씩 내놓았다. 서윤이와 현이는 부지런히 아이들의 말을 받아 적었다.

"그럼 다음 시간에 진짜로 완성된 영상을 보고 공모전에 접수하면 되겠다."

선생님 말씀에 아이들은 환호성을 질렀다.

그날부터 서윤이와 현이는 아이들이 말한 부분을 고치기 위해 현이네 집 컴퓨터에 매달려 살다시피 했다.

"아, 이제 진짜 끝이다!"

마지막까지 모든 걸 마무리하고 usb 메모리에 파일을 옮기는 순간, 현이가 마우스에서 손을 떼며 두 팔을 쭉 뻗었다.

"근데 느낌이 정말 이상해."

서윤이가 모니터 화면을 뚫어져라 바라보며 말했다.

"왜?"

"작년이었으면 지금쯤 공모전에 두 번은 나갔을 텐데, 그땐 마음이 이렇지 않았거든. 그런데 이번에는 엄청 뿌듯하기도 하고 벅차기도 해."

"맞아. 나도 그래. 작년에 공모전 나갔을 때랑 진짜 달라."

일주일 뒤, 서윤이와 현이는 아이들과 함께 완성된 영상을 볼 기대에 부풀어 동아리실로 올라갔다. 그런데 동아리실 문 앞에 종이 한 장이 붙어 있었다.

'동영상 동아리 친구들은 시청각실로 모이세요.'

"시청각실? 왜지?"

현이와 서윤이는 의아한 마음을 안고 시청각실로 향했다. 시청각실은 큰 스크린과 계단식 관람석이 있는 작은 극장 같은 곳이었다.

"일단 가 보자."

서윤이가 현이의 손을 끌고 시청각실로 향했다. 그리고 시청각실의 문을 여는 순간, 서윤이와 현이는 너무 놀라 두 손으로 입을 틀어막았다.

"오오, 우리 작가님 오셨네."

서윤이의 담임 선생님이 놀란 서윤이를 반기며 말했다.

"우리 편집자님도 오셨는데?"

이번에는 현이의 담임 선생님이었다. 두 선생님뿐 아니라 교장 선생님을 비롯한 학교의 거의 모든 선생님들이 관람석에 앉아 있

었다.

"이게 어떻게 된 거야?"

현이가 어리둥절한 얼굴로 서윤이를 바라보았다.

"나도 모르지."

서윤이가 어깨를 으쓱 하며 말하는 순간, 강세준 선생님의 목소리가 들렸다.

"제작진들은 앞자리로 오세요."

그러고 보니 앞쪽 관람석은 리본으로 장식되어 있었고, 의자 뒤쪽에는 아이들의 이름표가 크게 붙어 있었다. 서윤이와 현이는 괜히 부끄러워서 고개를 숙이고 계단을 내려갔다. 스크린 앞에는 '청소년 UCC 응모작 시사회'라고 적힌 종이가 붙어 있었다.

"야, 진짜 대박이야. 시사회래, 시사회…."

먼저 와서 앉아 있던 치훈이가 잔뜩 들뜬 목소리로 말했다.

"난 너무 놀라서 지금도 손이 떨려."

연우는 두 손을 모으며 말했다. 놀란 가슴을 진정시키지 못하는 건 서윤이도 마찬가지였다. 그렇게 자리에 앉아 두 손을 모으고 영상이 시작되기만을 기다리고 있을 때였다. 현이가 고개를 돌려 두리번거리다가 갑자기 외쳤다.

"어! 의사 오빠다!"

현이의 말처럼 전에 만났던 의사 선생님이 시청각실 안으로 천천히 들어오고 있었다. 서윤이와 현이, 민재는 벌떡 일어나 의사 선생님에게 달려갔다.

"얘들아, 좀 늦었지? 서둘러서 왔는데…."

"우와, 의사 형이 오실 줄은 몰랐어요."

민재의 말에 의사 선생님은 민재의 어깨를 두드렸다.

"당연히 와야지. 시사회잖아. 나 시사회에 처음 초대받았거든."

"저희도 시사회는 처음 해 봐요."

현이가 까르르 웃었다. 그때 또다시 선생님의 목소리가 들려왔다.

"지금부터 시사회를 시작하겠습니다. 모두 자리에 앉아 주세요."

아이들은 의사 선생님에게 눈인사를 하고 자리에 앉았다.

잠시 뒤, 시청각실의 불이 모두 꺼지고 스크린에 화면이 떠올랐다. 그리고 제목이 '또닥또닥' 키보드 누르는 소리와 함께 한 글자씩 떠올랐다.

시청각실에 있는 모든 사람들이 숨을 죽이고 스크린을 바라보았다.

성악가 마리안 앤더슨이 들었던 말

너는 흑인이야.
흑인은 아무리 노래를 잘해도
무대에 설 수 없어.

의사 황연대가 들었던 말

장애인이 의사를 하겠다고?
장애인이 어떻게 병든 사람을
고칠 수 있겠어?

광고인 이제석이 들었던 말

지방대학교 출신이
광고회사에 들어갈 수 있겠어?
너는 간판이나 만드는 게
잘 어울려.

컷이 바뀔 때마다 서윤이는 점점 더 긴장되었다. 시청각실에 들어올 때까지만 해도 너무 놀라 다른 생각을 하지 못했는데, 시청각실에 모인 많은 선생님이 영상을 보고 있다고 생각하니 손에 땀이 날 지경이었다.

잠시 뒤, 화면이 바뀌었다.

화면을 보고 있으니 저 장면을 찍기 전의 상황이 떠올랐다. 사실 저 장면은 원래 시나리오에는 없는 장면이었다. 그런데 영상을 찍으면서 민재가 우리 이야기가 들어갔으면 좋겠다고 제안했고, 서윤이는 아이들에게 그동안 들었던 말 중에 가장 많이 상처되었던 말이 무엇인지 물어봤다. 민영이가 가장 먼저 자신의 이야기를

들려주었다. 민영이는 피아노를 너무 배우고 싶었는데, 선생님이 한 말 때문에 곧장 그만두었으며, 앞으로도 피아노를 배울 생각이 들지 않는다고 했다.

현이도 자기 이야기를 들려주었다. 현이는 소문난 몸치였는데, 평소에도 늘 '내가 할 수 없는 걸 잘하는 사람들'이기 때문에 아이돌 가수를 좋아한다고 했을 정도였다.

민재 역시 상처받았던 순간을 털어놓았다.

시간이 지날수록 시청각실은 점점 더 조용해졌고, 여기저기에서 한숨 소리도 터져 나왔다. 그러는 사이, 장면이 바뀌었다.

그렇지만 '할 수 없는' 사람은 없습니다.

NBA 역사상 최단신 농구선수 먹시 보그스는
빠른 발과 뛰어난 점프 능력으로 팀의 성장을 이끈
포인트가드가 되었습니다.

20세기 최고의 여성 알토 마리안 앤더슨은
흑인 최초로 메트로폴리탄 오페라 무대에 선
가수가 되었습니다.

대한민국 최초 장애인 의사 황연대는
본인이 받은 성금을 기탁하여
1988년부터 지금까지 국제 장애인 올림픽
최고 선수에게 '황연대 성취상'을 주고 있습니다.

지방대학교 출신 광고인 이제석은
클리오 광고제, 뉴욕 페스티벌, 칸 국제광고제 등
최고로 꼽히는 국제 광고제를 휩쓴
광고 천재가 되었습니다.

> '할 수 없다'는 말은 이제 듣지 않을 거예요.
> '할 수 없다'는 말은 아무것도 할 수 없는
> 사람을 만드니까요.

영상은 이렇게 끝났다. 어두운 스크린 위로 현이가 고민해서 삽입한 음악이 흐르고, 아이들의 이름이 엔딩 크레디트로 올라갔다. 시청각실은 박수 소리로 가득 찼다.

"아, 눈물 날 것 같아. 뭐가 이렇게 감동적이야?"

현이가 아이들을 둘러보며 말했다.

"난 지난번에 볼 때도 그랬는데, 너희들 마지막 표정 때문에 웃겨서 혼났어. 저 표정은 편집이 안 되냐?"

치훈이의 말에 현이가 발끈하며 대답했다.

"그게 무슨 말이야? 난 이 영상 중에 그 장면이 제일 감명 깊었어!"

현이의 말에 아이들 모두가 와하하 웃음을 터뜨렸다.

"서윤아, 너무 좋더라. 정말 최고였어. 나도 이제 절대 '할 수 없다'는 말은 하지 말아야겠어."

아이들이 떠드는 사이, 담임 선생님이 다가와 서윤이를 안아 주었다. 다른 선생님들도 아이들에게 잘 만들었다고, 고생 많았다고 한마디씩 해 주었다.

"내가 이럴 줄 알았어. 너희들이 아주 멋있게 잘해 낼 줄 알았단 말이지."

어느새 의사 선생님도 아이들 가까이에 다가와 아이들을 둘러보며 칭찬을 해 주었다. 현이는 아이들에게 선생님께서 보여 준 기사의 주인공이라고 의사 선생님을 소개했다.

"우와, 의사 형, 진짜 최고예요."

치훈이가 늘 그랬듯 엄지손가락을 치켜올렸다.

"기사 읽고 감동했어요. 멋지세요."

연우도 수줍은 듯 말했다.

"너희가 더 멋져. 너무 잘 만들었더라."

의사 선생님도 아이들을 향해 두 손을 쭉 뻗어 엄지손가락을 치켜세웠다. 그때 선생님이 다가오며 의사 선생님과 인사를 나누었다. 그러고는 곧장 아이들에게 말했다.

"너희는 먼저 동아리실에 가 있어. 꼭 해야 할 일이 있잖아."

아이들은 의사 선생님에게 인사를 하고 시청각실을 나왔다. 선생님은 의사 선생님과 좀 더 할 이야기가 있는 것 같았다.

동아리실 문을 열고 들어서니 스크린에 컴퓨터 화면이 떠 있었다.

"저게 뭐야?"

치훈이가 스크린으로 다가가며 말했다. 아이들도 우루루 스크린 앞으로 몰려갔다. 스크린에는 아무것도 적혀 있지 않은 공모전 응모 원서가 떠 있었다.

"이게 왜 여기에 있어?"

현이가 고개를 갸웃거리며 서윤이에게 물었다.

"선생님이 꼭 해야 할 일이라고 하신 게 저건가?"

"원서는 그냥 선생님이 쓰시는 거잖아."

서윤이는 어깨를 들어올리며 영문을 모르겠다는 표정을 지었다.

잠시 뒤, 동아리실에 들어온 선생님은 노트북 컴퓨터가 놓인 책상 앞에 앉으며 말했다.

"자, 이제 접수하자."

아이들이 어리둥절한 표정으로 화면을 바라보고 있을 때, 선생

님은 '타닥타닥' 키보드를 누르며 응모 원서의 빈칸을 하나하나 채워 갔다.

"자, 여기는 선생님 이름도 쓰고. 하하하."

지도교사 칸에 이름을 쓰면서 선생님은 크게 웃었다. 그리고 잠시 뒤, 참가 학생 칸에 아이들 이름을 하나하나 써 내려갔다.

"기분이 너무 이상해."

현이가 가슴에 손을 얹으며 말했다.

"나도 그래. 뭔가 감동적이야."

민영이 역시 두 손을 가슴 앞에 모으며 말했다. 서윤이도 정말 기분이 묘했다. 작년에도 몇 번이나 썼던 응모 원서인데, 이렇게 다 함께 모여서 쓴 적은 한 번도 없었다. 그래서 이런 기분은 상상조차 해 본 적이 없었다.

"자, 이제 다 썼다. 그럼 접수한다."

선생님은 맨 아래에 있는 접수하기 버튼을 눌렀다. 아이들은 환호성을 지르며 박수를 쳤다.

"더운 날 영상 찍는다고 다들 고생 많았어. 물론 선생님도 엄청 고생했고…. 그러니까 오늘은 파티하자."

선생님은 동아리실 문을 열고 나가더니 피자와 치킨이 들어 있

는 상자와 음료수를 들고 들어왔다.

"우와아아!"

아이들은 또다시 환호성을 지르며 호들갑을 떨었다.

정말 이상했다. 집에 오는 길에도, 집에 와서도, 그냥 가만히 앉아만 있어도 자꾸만 웃음이 나왔다. 엄마 아빠에게 오늘 있었던 일을 신나게 떠들어 댔는데도, 자꾸만 더 할 말이 있는 것 같았다. 아직 공모전에 접수만 했을 뿐 상을 받은 것도 아닌데 마음은 상을 받았을 때보다 더 신났다.

저녁을 먹고 자기 방으로 돌아온 서윤이는 그동안 영상을 찍느라 보지 못했던 책을 펼쳐 들었다. 그때 엄마가 서윤이 방문을 열었다.

"뭐 해, 우리 딸? 얼른 씻고 쉬어야지. 피곤하지 않아?"

"이 책 조금만 읽고 씻을게요."

"그래. 그런데 앞으로 계획은 어떻게 되는 거야? 이제 2학기인데…."

서윤이는 아주 잠깐 생각한 뒤 대답했다.

"다음 공모전 찾아봐야죠. 저는 영상 만드는 게 제일 재미있어요."

"어휴, 그래 그래."

엄마는 서윤이를 보며 활짝 웃었다.

8

도전은 끝나지 않아

"자, 다음 시간은 역사 신문 만들기야. 모둠 수업할 수 있도록 쉬는 시간에 책상 배치 좀 바꿔 놓자."

2교시 수업이 끝난 뒤, 선생님이 아이들을 향해 말했다. 서윤이는 분주히 책상을 옮기는 아이들 틈으로 혜나의 얼굴을 보았다. 예상했던 대로 잔뜩 인상을 찌푸린 채, 책상을 돌리고 있었다.

서윤이와 혜나는 같은 반이었지만, 지금까지 같은 모둠이었던 적은 없었다. 그런데 사흘 전, 자리를 바꾸고 난 뒤 둘은 모둠이 되었고, 그날 온갖 짜증으로 뒤범벅이 된 혜나의 표정을 서윤이는 잊을 수가 없었다.

"왜 하필 쟤랑 같은 모둠이야?"

"너 정말 짜증나겠다."

이틀 동안 혜나의 친구들은 쉬는 시간마다 혜나의 옆으로 몰려와서 마치 들으라는 듯 떠들어댔다. 하지만 괜찮았다. 아니, 괜찮아지려고 최선을 다해 마음을 다잡았다. 의사 선생님 말처럼 서윤

151

이가 뭔가를 잘하는 게 보기 싫어 혜나가 저러는 거라면 그건 서윤이 잘못이 아니니 주눅 들 이유가 없었다. 그리고 무엇보다 이유 없는 비난으로 마음을 불편하게 하는 저런 부정신호는 완전히 차단해야 했다.

다행히 서윤이를 불편하게 만드는 아이들은 혜나를 포함한 세 명이 전부였다. 그 외에 다른 아이들과는 사소한 다툼 한 번 없이 아주 잘 지내고 있었다.

"야, 황서윤, 거기 잡지 사진 오려서…."

한참 역사 신문 만들기를 하다가 예준이가 서윤이에게 뭔가를 이야기하려 할 때였다.

"응, 맞아. 사진 오려서 붙이고 그 아래에 설명 쓰면 돼."

혜나가 얼른 예준이의 팔을 잡아당기며 말했다. 수업 시간 내내 그런 식이었다. 누가 서윤이에게 뭘 물어보려고 하거나, 서윤이가 누군가를 도와주려고 하면 혜나는 계속 끼어들거나 아이들 시선을 다른 데로 돌리려고 했다. 아무래도 모둠 수업 내내 서윤이가 다른 아이들과 말 한마디 못하도록 만들 생각인 것 같았다. 오죽하면 나중에는 아이들이 서윤이와 혜나의 눈치까지 살피는 상황이 되었다.

"야, 너희 왜 그래?"

쉬는 시간에 짝 예준이가 잔뜩 짜증 섞인 말투로 물었다.

"나도 몰라."

서윤이는 어깨를 들어 올리며 대답했다.

"싸웠어?"

"싸운 적은 없는 것 같은데, 그냥 사이가 안 좋아."

서윤이는 또다시 아무렇지 않게 대답했다.

"아, 진짜 앞으로 모둠 수업 때마다 이럴 거 아냐. 아, 짜증나."

"근데 내가 뭘 어떻게 할 수가 없어."

서윤이는 정말 할 말이 없었다. 미안하다고 하기에도 좀 이상했고, 그렇다고 서윤이가 벌인 일도 아닌데 앞으로 그러지 않겠다고 말할 수도 없었다.

"서윤아, 동아리실 가자!"

수업이 끝난 뒤, 현이가 서윤이네 교실로 왔다. 서윤이는 가방을 챙겨 들고 현이와 함께 교실을 나섰다. 혜나가 복도에서 친구들과 떠들고 있다가 서윤이와 현이의 모습을 뚫어져라 쳐다보았다. 혜나의 시선을 느낀 현이가 서윤이에게 더 바짝 붙으며 물었다.

"야, 요즘 혜나랑은 괜찮아? 암말 안 해?"

서윤이는 고개를 절레절레 저었다.

"암말 안 하긴. 오늘도 모둠 수업 같이 했어."

"뭐라고? 같은 모둠이야?"

서윤이가 고개를 끄덕였다.

"이야, 진짜 대박이다. 모둠 수업도 많은데 어떡하냐?"

"어쩌긴 뭘. 어쩔 수 없지."

서윤이가 싱긋 웃으며 말했다.

"너 웃는 거야, 지금? 우는 게 아니고?"

"야, 나 안 울어. 이젠 그냥 무시하기로 했어."

"뭐야, 너 왜 이렇게 변했어? 완전 다른 사람 같아."

"진짜? 그럼 성공이네."

서윤이가 현이를 향해 싱긋 웃었다. 그렇게 둘은 계속 수다를 떨며 동아리실 문을 열었다. 동아리실에는 아이들이 벌써 모두 모여 있었다. 서윤이와 현이가 자리에 앉자 선생님이 이야기를 시작했다.

"자, 오늘은 두 개의 영상을 볼 거야. 둘 다 주인공이 있는 짧은 영상인데, 두 영상을 보면서 느낀 점이 무엇인지, 또 두 영상에 어떤 차이가 있는지 이야기해 보자."

선생님은 노트북 컴퓨터를 열어 영상을 재생했다.

스크린을 바라보는 아이들의 뒷모습을 보고 있으니 서윤이는 강세준 선생님과 처음 동아리 활동을 시작할 때가 생각났다. 그때는 선생님이 영상을 보여 주거나 질문하면 모두 인상을 찌푸리며 투덜거리기만 했다. 하지만 지금은 똑같은 상황인데도 모두 영상에만 집중할 뿐 아무 불평불만도 없었다.

선생님이 보여 준 두 영상은 대학 입시를 위해 공부하고 있는 재수생의 하루를 담은 영상이었다. 영상이 끝나자 선생님은 아이들을 보며 물었다.

"자, 누가 먼저 이야기해 볼까?"

연우가 손을 들었다.

"저는 우선 수능시험을 치려면 공부를 정말 열심히 해야 된다는 걸 느꼈고요."

아이들 사이에서 웃음소리가 새어 나왔다.

"그리고 두 영상의 차이점을 느꼈는데요. 첫 번째 영상은 그냥 그 사람을 쭉 따라다니면서 찍기만 했다는 생각이 들었거든요. 좀 지루했어요. 두 번째 영상은 재수생이 하는 말을 많이 들어준 것 같다는 생각이 들었어요. 자막도 많았고요."

선생님은 연우의 말에 옅은 미소를 지었다. 그러고는 아이들을 둘러보며 다시 물었다.

"다른 사람은?"

이번에는 현이가 손을 들었다.

"저도 연우랑 비슷한 생각인데요. 첫 번째 영상은 아무 느낌 없는 뉴스 화면 같았어요. 두 번째 영상은 다큐멘터리 영화 같은 느낌이었고요. 주인공이 얼마나 힘든지, 또 어떤 희망을 갖고 있는지 얘기해 주는 것 같았고, 뭔가 좀…."

현이는 잠깐 생각하다가 말을 이었다.

"좀 따뜻했어요."

다른 아이들의 의견도 비슷했다. 아이들의 이야기를 한 번씩 듣고 난 뒤 선생님이 말했다.

"선생님이 너희들에게 이 영상들을 보여 준 이유가 있어. 두 영상 모두 같은 소재를 다루고 있지만 큰 차이가 하나 있었거든. 그게 뭐냐 하면…."

선생님은 아이들을 한 번 둘러본 뒤 말을 이어갔다.

"촬영 대상을 향한 마음이었어."

아이들은 눈빛을 반짝이며 선생님의 이야기를 경청했다.

"선생님은 영상을 만드는 사람들은 자신이 찍는 영상에 대해 애정이 있어야 한다고 생각해. 어떤 대상이든 찍기로 마음먹었으면 그 대상에 대한 기본적인 지식도 갖추어야 하고, 그 대상이 느끼는 감정을 영상 찍는 사람도 함께 느껴야 한다고 생각하거든.

그래야 현이의 말처럼 더 따뜻한 영상이 만들어진다고 생각해. 그걸 너희들도 느꼈으면 해서 두 영상을 준비한 거야. 다들 보는 눈이 아주 정확해졌네. 많이 발전했어."

아이들은 활짝 미소 지으며 서로를 바라보았다.

"너희들의 의견이 일치돼서 시간이 좀 남았는데, 다른 영상을 좀 더 볼까?"

그때, 서윤이가 손을 들었다.

"서윤이, 할 말 있어?"

"네."

선생님이 말해 보라며 손짓을 했다.

"12월에 공모전이 하나 있는데요. 다 같이 준비해서 한번 도전해 봤으면 좋겠어요."

공모전이라는 말에 아이들의 시선이 모두 서윤이에게로 쏠렸다.

"그래? 어떤 공모전인지 설명해 줄래?"

선생님은 컴퓨터가 놓여 있는 책상 앞에 앉으며 물었다.

"'내일 W'라는 언론사에서 주최하는 공모전인데요. 주제가 '미래'예요. 주제도 좋은 것 같고, 영상 만드는 시간도 부족하지 않을 것 같고요. 또 솔직히…. 초등학교 졸업하기 전에 공모전 하나는

더 나가고 싶어요."

"아, 찾았다! 내일 W 독립언론사."

컴퓨터로 공모전을 검색해 보던 선생님이 반색하며 외쳤다.

"음…. 너희들 생각은 어때?"

들뜬 아이들의 분위기를 깨고 치훈이가 시무룩하게 말했다.

"나가고 싶긴 한데…."

치훈이가 말꼬리를 흐렸다. 아이들은 의아한 얼굴로 치훈이를 바라보았다.

"며칠 전부터 학원을 한 군데 더 다니는데요. 숙제도 너무 많고…."

"야, 숙제는 나도 엄청 많아. 그래도 영상은 꼭 찍고 싶어."

연우가 치훈이를 보며 말했다.

"그럼 주말에만 촬영하면 어때?"

현이가 고개를 돌려 치훈이를 바라보며 물었다.

"주말에만?"

"응. 어차피 우리도 다 학원 다녀서 방학 때만큼 시간이 없잖아. 그러니까 금요일까지는 열심히 공부하고, 주말에만 찍는 거지."

현이의 제안에 아이들 모두가 고개를 끄덕였다.

"그래. 우리 그렇게 하자. 영상 찍는 거 너무 재미있잖아."

민영이가 치훈를 바라보며 말했다. 그렇지만 치훈이는 말 없이 생각에 빠져 있었다.

"그럼 치훈이는 생각할 시간을 좀 가지고…. 지금 아무 말 안 한 사람은 민재뿐인데?"

선생님이 민재를 바라보며 물었다. 그러고 보니 아이들이 떠드는 동안 민재는 말 한마디 하지 않고 있었다.

"저는…. 그런데 주제가 '미래'면 어떤 내용으로 찍는 건지…."

민재가 선생님에게 하는 말인지, 서윤이에게 하는 말인지 모를 말을 하며 말끝을 흐렸다. 예상대로 선생님은 서윤이를 바라보았다.

"아직 내용을 다 생각한 건 아닌데요. 지난번에는 부정신호를 차단하자고 했잖아요. 이번에는 긍정신호를 받아들이고 하는 일에 몰입하다 보면 우리에게 멋진 미래가 다가올 거라는 내용으로 만들면 어떨까 싶어요. 그러니까 자기 일에 몰두하는 지금의 시간이 미래를 만든다는 메시지로요."

선생님과 아이들은 서윤이의 의견을 진지하게 들었다.

"저도 좋은 것 같아요. 저번에 의사 형이 어떤 일에 미쳤다고

생각할 정도로 몰입한다는 말을 들려줬거든요. 그때 그 말이 정말 멋지다고 생각했어요."

"자, 그럼 민재 이야기까지 다 들었고. 치훈이, 어때? 생각 좀 해 봤어?"

선생님과 아이들이 동시에 치훈이를 바라보았다. 치훈이는 뭔가 결심한 듯 고개를 끄덕이며 말했다.

"네. 주말에만 찍으면 괜찮을 것 같아요. 저도 같이 할게요."

"우와! 또 영상 찍는다!"

현이와 민영이가 손을 마주잡고 동시에 외쳤다.

"12월 접수면 지금부터 빨리 준비해야겠는데? 촬영도 주말밖에 못하니까…."

선생님이 손가락으로 자신의 턱을 콕콕 찌르며 말했다. 그때 서윤이가 손을 들었다.

"제가 시놉시스 몇 가지를 메일로 먼저 보내면 다음 모이는 날 결정할 수 있을 것 같아요."

"오오, 빨라, 빨라."

현이가 서윤이를 향해 엄지손가락을 치켜올렸다.

"그래. 다들 같은 마음이니까 얼른 시작하도록 하자. 그렇다고

공부를 소홀히 하면 절대 안 된다. 알았지?"

"네!"

아이들은 동아리실이 떠나가라 큰 소리로 대답했다.

일찍 점심을 먹고 교실로 온 서윤이는 시놉시스를 쓰기 위해 공책을 폈다. 그리고 어떻게 첫 줄을 시작해야 할지 생각에 빠져들었다. 그때였다.

"어휴, 황 작가, 힘들지?"

갑자기 현이가 다가와 어깨를 주물렀다.

"뭐야? 왜 왔어?"

반 친구들이랑 어울려 놀기 바빠서 서윤이 반에 잘 오지 않던 현이의 등장에 서윤이가 깜짝 놀라 물었다. 현이가 작은 봉투 하나를 내밀었다.

"어제 우리 언니 왔거든. 내가 아직도 애기인 줄 아는지 초콜릿만 잔뜩 사 왔더라고. 가지고 있다가 녹을 것 같아서 얼른 너 주려고 왔지."

열두 살 차이 나는 현이네 언니는 프랑스에서 패션 공부를 하고 있었다.

"우외, 맛있겠다. 근데 너 왜 황 작가라고 불러, 창피하게."

서윤이가 반 아이들의 눈치를 살피며 말했다.

"우리 엄마가 사람은 불러 주는 대로 된다고 하시더라. 넌 방송작가가 꿈이니까 앞으로도 널 계속 작가라고 부를 생각이야. 그리고 우리 엄마는 앞으로 날 똥강아지라고 안 부르기로 했어."

"그럼 뭐라고 부르신대?"

"카발리에 킹 찰스 스패니얼."

"뭐? 뭐라고?"

"카발리에 킹 찰스 스패니얼. 우리 엄마도 아직 이름을 못 외우셨어. 그냥 언니가 나랑 꼭 닮은 귀여운 강아지라고, 꼭 그렇게 불러야 한다고 주장한 거지."

"이름 엄청 어렵다."

서윤이는 고개를 절레절레 젓다가 갑자기 현이를 쳐다보았다.

"잠깐, 사람은 불러 주는 대로 되는 거라고?"

"응. 엄마가 그러시던데?"

"그럼 긍정적인 별명을 붙여 주는 건 미래를 위한 긍정신호잖아. 그 사람을 어떻게 불러 주는지에 따라서 미래가 달라질 수도 있다는 거 아냐?"

"그, 그런가?"

현이가 고개를 갸웃거렸다.

"오오, 좋은 아이디어야. 땡큐!"

"내가 뭘 한 건지는 모르겠지만, 도움이 됐다니 다행이다."

그때 수업 시작을 알리는 종소리가 울렸다.

"나 갈게. 시나리오 열심히 써, 황 작가!"

현이가 손을 흔들며 교실을 빠져나갔다.

"그래, 카발 킹…, 뭐 하여튼 그 강아지야!"

서윤이도 웃으며 손을 흔들었다.

며칠 뒤, 동아리 활동하는 날이 돌아왔다. 선생님과 아이들은 서윤이가 미리 메일로 보내 놓았던 시놉시스를 두고 회의를 했다.

"다들 잘 읽어 봤지? 그럼 얼른 결정해서 서윤이 일 시키자."

선생님이 싱긋 웃으며 농담조로 말했다.

"저는 유명한 인물이 등장하는 부분이나 움직이는 자막이 나오는 부분이 지난번 영상이랑 이어지는 느낌이어서 두 번째가 좋았어요."

연우가 먼저 의견을 말했다.

"저는 세 번째요. 여기에서 아이들을 부르는 별명들이 너무 귀엽고 재미있어요. 그리고 그 별명을 들으면서 자기가 하고 싶은 일에 더 즐겁게 몰두한다는 것도 좋았고요. 지난번과는 좀 다르게 밝은 영상이 될 것 같아요."

민영이도 수줍게 손을 들고는 자신의 의견을 말했다. 그 뒤로 민재는 두 번째 시놉시스를, 치훈이와 현이는 세 번째 시놉시스를 선택했다.

"세 번째 시놉시스를 좋아하는 친구들이 가장 많네. 그럼 세 번째 시놉시스로 결정해도 될까?"

선생님의 질문에 아이들은 박수로 동의를 표했다.

"그럼 뭐, 다음엔 뭘 해야 할지 다들 알 테고…. 각자 역할은 지난번과 같은 거야? 혹시 바꾸고 싶은 친구 있어?"

아이들은 고개를 저었다.

"좋아. 그럼 시나리오랑 콘티가 나오면 정확하게 일정을 짜자.

오늘은 여기까지!"

　서윤이는 가방을 챙겨들고 자리에서 일어섰다. 이제 다시 시작이었다. 다시 시나리오와 씨름해야 하고, 촬영도 함께 해야 하고, 현이가 하는 편집도 도와야 한다. 고민도 많이 해야 하고, 세심하게 신경 써야 할 일도 많지만 아무 상관없었다. 쉴 새 없이 콩닥거리는 마음은 그저 신나기만 했다.

"어디 가?"

복도에 나와 있던 현이가 미술실로 가는 서윤이에게 쪼르르 달려와 물었다.

"미술실."

"그럼 혜나랑 또 같이 해야 되겠네?"

"응. 같은 모둠이잖아."

현이가 입술을 잔뜩 내밀며 서윤이를 쳐다보았다.

"왜 네가 더 불만이야?"

"몰라. 걔 이름을 들으면 기분이 나빠져."

"쳇, 나 간다."

"파이팅, 황 작가!"

"응, 카발리에 킹 찰스 스패니얼!"

"오오!"

현이가 엄지손가락을 치켜올렸다.

미술실에 가니 책상 위에 크고 작은 상자와 우유팩, 색종이, 가위, 풀 등이 준비되어 있었다. 모형 건물을 만들 준비물들이었다. 서윤이는 책상 위의 물건들을 한 번 훑어본 뒤 늘 앉던 자리에 앉았다.

잠시 뒤, 아이들이 들어오고 빈자리가 하나씩 채워졌다. 제일 끝으로 혜나와 혜나의 친구들이 수다를 떨며 미술실로 들어왔다. 혜나는 책상을 빙 돌더니 예준이의 옆에 가서 앉았다.

수업이 시작되었다. 서윤이가 모형 집을 만들 생각으로 우유팩을 집어 회색 색종이로 감싸기 시작했을 때였다.

"웬일이야? 건물을 왜 회색으로 만들어? 칙칙하게."

혜나의 목소리였다. 서윤이는 개의치 않고 회색 색종이로 우유팩을 감싼 뒤, 연보라색 색종이로 지붕을 만들었다.

"푸하하, 저게 어울려? 완전 유치해."

혼잣말이라기엔 너무 목소리가 커서 모둠 아이들은 한숨을 내쉬며 혜나와 서윤이를 번갈아 쳐다보았다. 서윤이는 계속 들은 척도 안 하고 굴뚝도 만들고 창문도 만들었다. 혜나는 서윤이가 뭘 완성할 때마다 지나치게 큰 목소리로 혼잣말을 계속했다.

"서윤아, 이거 말야…."

서윤이의 옆에 앉아 있던 다빈이가 서윤이에게 뭔가를 물어보려 할 때였다.

"다빈아, 왜? 내가 도와줄까?"

혜나가 다빈이의 팔을 잡아끌며 말했다. 그러자 다빈이가 한숨을 쉬더니 혜나의 손을 뿌리치면서 말했다.

"이것 좀 놔 봐."

그러고는 다짜고짜 혜나에게 따지듯 물었다.

"혜나, 너 정말 왜 그래? 왜 서윤이한테 말만 하려고 하면 막 잡아당겨?"

"내가? 난 그냥 너 도와주려고…."

혜나가 마치 자신은 그런 적이 없다는 듯, 눈을 동그랗게 뜨고 말했다. 다빈이는 혜나의 말에 대꾸도 없이 서윤이를 보며 물었다.

"서윤아, 넌 안 들려?"

"뭐가?"

서윤이가 어리둥절한 표정으로 다빈이를 쳐다보았다.

"예전부터 모둠수업 할 때마다 얘가 계속 뭐라고 하는데 넌 왜 들은 체도 안 하고 가만히 있어? 너희 때문에 우리가 너무 신경 쓰이잖아."

다빈이가 혜나를 가리키며 말했다. 혜나의 얼굴이 발갛게 달아오르기 시작했다.

"아, 정말? 미안해. 내가 요즘 귀가 잘 안 들리나 봐. 안 들어도 되는 말은 이 안으로 들어오질 않아."

서윤이가 귀를 가리키며 아무렇지 않게 말하자 모둠 아이들이 킥킥대며 웃기 시작했다. 혜나의 얼굴은 점점 더 빨개졌다.

"너 진짜 멘탈 최고다."

예준이가 엄지손가락을 치켜올렸다. 아이들은 여전히 웃고 있었고, 혜나는 새빨개진 얼굴로 서윤이를 노려보고 있었다.

"푸하하하! 아, 속 시원해!"

수업이 끝나고 집에 가는 길, 서윤이에게 미술실 사건을 전해 들은 현이가 기분 좋은 듯 외쳤다. 서윤이는 조용하라며 손가락을 입에 가져다 댔다.

"그런데 걔 앞으로 더 난리 치는 거 아니야? 아마 지금쯤 자기 친구들이랑 엄청 떠들고 있을 것 같은데, 우리처럼."

"아, 몰라."

서윤이가 한숨을 내쉬며 말했다.

"그냥 선생님께 자리 바꿔 달라고 말씀드려 봐. 지난번에 다빈

이도 왜 네가 자리를 안 바꾸는지 모르겠다고 그러던데…."

"나도 그 생각을 하긴 했거든."

"근데?"

"그러면 자꾸 내가 피하는 것 같잖아. 걔는 아무렇지도 않게 자기가 하고 싶은 말 다 하는데…. 그래서 지난번에 의사 오빠가 말한 것처럼 그냥 안 듣기로 했어. 근데 신기한 게 어떨 땐 진짜로 안 들리더라. 특히 책 읽고 있을 때. 하여튼 난 지금 최선을 다해 부정신호를 차단하려고 노력하는 중이야. 이렇게 노력하다 보면 언젠가는 걔랑 싸우지 않고도 이길 수 있을 것 같아."

"대박! 최고야, 황 작가."

"그렇지, 카발리에 킹 찰스 스패니얼?"

"야, 우리 엄마도 포기하셨어. 이제 그렇게 부르지 마."

"싫은데? 카발리에 킹 찰스 스패니얼?"

현이는 입술을 삐죽이며 말하는 서윤이의 얼굴을 바라보며 웃음을 터뜨렸다.

토요일 오전, 아이들은 운동장에서 촬영 준비를 하느라 분주하게 움직였다. 민영이와 연우는 콘티를 보며 빠진 소품이 없는지 확인했고, 서윤이와 현이는 화면에 꼭 나와야 할 공간이 어디인지 의논하고 있었다. 한창 카메라와 삼각대를 설치하고 있던 그때, 치훈이가 아이들을 향해 물었다.

"그런데 공모전 결과 곧 나오지 않나?"

"아, 맞다. 다음 주에 나온다고 했던 것 같은데?"

"우와, 우리 상 받으면 진짜 대박인데."

"인터넷 카페에서 봤는데, 그 공모전은 상 받을 때 트로피를 참가 인원한테 다 준대. 이름까지 써서…."

"진짜? 그럼 난 우리 집에서 제일 잘 보이는 곳에 올려놔야지."

아이들은 아예 하던 일을 멈추고 공모전 이야기에 열을 올렸다. 하지만 서윤이와 민재는 묵묵히 자기 할 일에 몰두하고 있었다.

"서윤아, 넌 궁금하지 않아? 네가 그 공모전에 제일 나가고 싶어 했잖아."

연우가 서윤이를 보며 물었다.

"난 별로…."

"정말?"

민영이가 눈을 동그랗게 뜨고 서윤이를 쳐다보았다.

"응."

너무 단호한 서윤이의 대답에 아이들은 이해할 수 없다는 듯 서로의 얼굴을 바라보았다. 솔직히 서윤이도 결과가 궁금했다. 그렇지만 지금은 기다리는 것 말고는 할 수 있는 일이 없었다. 그리고 무엇보다 상을 받지 못한다 하더라도 괜찮을 것 같았다. 정말 열심히 만들었고, 완성된 영상을 봤을 때의 뿌듯함은 지금도 잊지 못할 만큼 강렬했기 때문이다. 그때 느꼈던 그 감정은 상을 받은 것 이상의 감동이었다.

"야, 우리 오늘 할 일 많아. 얼른 시작하자."

카메라를 다 설치한 민재가 아이들을 향해 말했다.

"그래, 빨리 시작하자. 난 공모전 결과보다 지금 찍는 영상이 어떻게 만들어질지 그게 더 궁금해."

서윤이가 시나리오를 돌돌 말아들며 아이들에게 말했다. 아이들이 바삐 제자리를 찾아가는 동안 선생님은 두 손 가득 간식이 들어 있는 봉투를 들고 다가오고 있었다. 선생님께 눈인사를 하는

순간도 잠시, 이내 민재의 우렁찬 목소리가 들려왔다.

"레디 액션!"

더 바빠진 아이들의 움직임, 그리고 카메라에 집중한 눈빛과 숨소리까지. 모든 것을 담은 여섯 개의 그림자가 넓은 운동장을 가득 채웠다.

부정신호를 차단하고 한 가지에 몰입하는 힘
어린이를 위한 하버드 상위 1퍼센트의 비밀

제1판 1쇄 발행 | 2020년 6월 30일
제1판 9쇄 발행 | 2023년 12월 18일

지은이 | 전지은
그린이 | 김은정
펴낸이 | 김수언
펴낸곳 | 한국경제신문 한경BP
책임편집 | 마현숙
저작권 | 백상아
홍보 | 서은실 · 이여진 · 박도현
마케팅 | 김규형 · 정우연
디자인 | 권석중
본문디자인 | 디자인 현

주소 | 서울특별시 중구 청파로 463
기획출판팀 | 02-3604-590, 584
영업마케팅팀 | 02-3604-595, 562   FAX | 02-3604-599
H | http://bp.hankyung.com   E | bp@hankyung.com
F | www.facebook.com/hankyungbp
등록 | 제 2-315(1967. 5. 15)

ISBN 978-89-475-4595-2   73810

책값은 뒤표지에 있습니다.
잘못 만들어진 책은 구입처에서 바꿔드립니다.

어린이제품 안전특별법에 의한 표시사항
제품명 도서   제조년월일 2023년 12월 18일   제조사명 한국경제신문 한경BP   주소 서울특별시 중구 청파로 463
전화번호 02-3604-595   제조국명 대한민국   주의 책 모서리에 찍히거나 책장에 베이지 않게 조심하세요.